畜禽屠宰行业职业技能培训用书

生猪屠宰兽医卫生检验检疫

范维江　员艳苓　张应龙　著

中国轻工业出版社

图书在版编目（CIP）数据

生猪屠宰兽医卫生检验检疫／范维江，员艳苓，张应龙著. —北京：中国轻工业出版社，2021.5

ISBN 978-7-5184-3426-8

Ⅰ.①生… Ⅱ.①范… ②员… ③张… Ⅲ.①猪－屠宰加工－卫生检疫 Ⅳ.①TS251.5

中国版本图书馆CIP数据核字（2021）第041300号

责任编辑：贾　磊　王昱茜　　责任终审：唐是雯　　整体设计：锋尚设计
策划编辑：贾　磊　　责任校对：朱燕春　　责任监印：张　可

出版发行：中国轻工业出版社（北京东长安街6号，邮编：100740）
印　　刷：艺堂印刷（天津）有限公司
经　　销：各地新华书店
版　　次：2021年5月第1版第1次印刷
开　　本：787×1092　1/16　印张：8.75
字　　数：180千字
书　　号：ISBN 978-7-5184-3426-8　定价：48.00元
邮购电话：010-65241695
发行电话：010-85119835　传真：85113293
网　　址：http://www.chlip.com.cn
Email：club@chlip.com.cn
如发现图书残缺请与我社邮购联系调换
210135J4X101ZBW

本书编委会

顾　　问：亓俊忠（山东商业职业技术学院）

陶开宇（山东省畜牧兽医局）

赵　磊（山东健康肉产业联合会）

杨海莹（山东健康肉产业联合会）

段荣帅（山东商业职业技术学院）

著　　者：范维江（山东商业职业技术学院）

员艳苓（山东商业职业技术学院）

张应龙（山东商业职业技术学院）

著者助理：王立东（山东商业职业技术学院）

姜海芳（山东商业职业技术学院）

焦　燕（山东商业职业技术学院）

丁新丽（山东商业职业技术学院）

吴　江（山东商业职业技术学院）

张瑞菊（山东健康肉产业联合会）

前　言

民以食为天，食以安为先。食品安全关系着人们的身体健康和生命安全。党中央、国务院高度重视食品安全监管工作。习近平说，能不能在食品安全上给老百姓一个满意的交代，是对我们执政能力的重大考验。他同时提出要用最严谨的标准、最严格的监管、最严厉的处罚、最严肃的问责，加快建立科学完善的食品药品安全治理体系。

猪肉是我国居民“菜篮子”中的重要商品，多年来占人民群众肉食品消费总量的60%以上。从生猪养殖、屠宰、储藏、运输到销售，屠宰是整个猪肉产业链的关键环节，一头连着养殖，一头连着消费者，是生猪产品进入市场流通、摆上餐桌前的关键一环。近年来，非洲猪瘟、布氏杆菌病、炭疽杆菌病等传染病在我国时有发生，特别是非洲猪瘟从2018年在我国各地流行以来对我国的生猪生产造成了巨大危害和损失。所以，加强屠宰监管，实施严格的屠宰检验检疫，对于防止疾病的传播、保障猪肉产品质量安全意义重大。

猪肉产品质量及其食用安全，取决于各环节从业人员的检验技术和职业素养。为适应消费者对食肉安全的需求，加强对屠宰行业从业人员的技能培训，提高从业人员的素质，是屠宰管理工作的重要环节，也是落实生猪屠宰企业质量安全主体责任的具体体现。从事兽医卫生检验的人员能否掌握兽医卫生检验专业知识，按照《中华人民共和国动物防疫法》《生猪产地检疫规程》和《生猪屠宰检疫规程》等有关法律法规进行检验，及时发现并处理病害猪及不合格生猪产品，直接决定最终出厂肉品的卫生和质量安全。按照国务院颁发的《生猪屠宰管理条例》和《畜禽屠宰加工卫生规范》等规定，生猪定点屠宰企业兽医卫生检验人员需经培训，由省级畜牧兽医主管部门考核合格后，持证上岗。

为做好山东省生猪定点屠宰企业兽医卫生检验员培训工作，保证培训效果，作者得到了山东省畜牧兽医局、山东商业职业技术学院食品药品学院、山东健康肉产业联合会等单位的领导及专家的指导及帮助，成功著写了《生猪屠宰兽医卫生检验检疫》一书。旨在各级畜牧兽医主管部门和生猪定点屠宰企业有关人员通过培训学习，掌握生猪屠宰检验检疫技术和提升兽医卫生检验水平，更好地保障生猪产品质量安全，消费安全，以确保生猪产业的健康发展。

2021年2月

目　录

第一章 屠宰场的建立与卫生要求

第一节 屠宰场的选址与环境卫生要求

屠宰加工厂所与公共卫生的关系日益受到重视，根据《生猪屠宰管理条例》GB 12694—2016《食品安全国家标准 畜禽屠宰加工卫生规范》、GB 50317—2009《猪屠宰与分割车间设计规范》等规定，屠宰场的选址应当符合下列要求。

一、选址要求

（1）生猪屠宰场应选择地势高且平坦的地方，便于车辆运输和污水的排放。位于水源和居民点下游、下风向，以免污染居民区的水源、空气和环境。

（2）距离动物隔离场所、无害化处理场所3000m以上。

（3）远离城市居民、学校、医院、水源、公共场所及其他污染源至少500m以上。

二、环境卫生要求

生猪屠宰场平面布局应本着既符合卫生要求，又方便生产利于科学管理的原则。各车间和建筑物的配置应科学合理，既要相互连贯又要做到病健隔离，病健分宰，使原料、成品、副产品及废弃物的转运不致交叉相遇，以避免污染和扩散疾病。

（1）厂区环境 厂区周围建有围墙，环境清洁卫生，无污染源，厂区内道路、地面应为柏油或水泥，防止尘土污染，道路平坦不积水，便于清洗消毒。

（2）厂区布局 生产区与非生产区分开，并有隔离设施。

（3）水电供应 有完善的供电、供水与下水系统，供电稳定，满足生产办公用电要求；生产用水符合GB 5749—2006《生活饮用水卫生标准》的要求，水量充足，排水通畅。

（4）厂区卫生 厂区动物与产品和人员的出入口应当分别设置，不能共用。动物出入口设有与门同宽，车轮周长1.5倍的消毒池。厂内必须设有无害化处理粪便、胃肠内容物的场所及设备。有垃圾及废弃物暂存或处理场所。入厂动物卸载区附近有固定的车辆消毒场地，并配有车辆清洗、消毒设备。

（5）废弃物　废弃物应存放处设在远离生产车间下风向的地方，用密封不漏水的容器盛装后用专车运输。

（6）废水处理　产生的废水应用废水处理设备集中处理，排放应符合国家排污许可。

（7）检验室　按照GB 12694—2016《食品安全国家标准畜　禽屠宰加工卫生规范》的规定，建立检验室，并配备相应的检验设备和清洗、消毒设施。按照国家规定需进行实验室检测的应进行实验室抽样检测。

（8）其他要求　厂区不应兼营有碍食品安全卫生的其他产品，不应堆放废旧设备和其他杂物，禁止饲养存储与屠宰加工无关的动物。

第二节　屠宰加工厂平面布局及其要求

一、屠宰加工厂分区

根据便于管理及流水作业的卫生要求，整个布局大体可分为彼此隔离的五个区。

（1）生猪静养管理区　可包括三圈一室：宰前预检分类圈、饲养圈、候宰圈、兽医室。此区还应设置有卸载台和检疫栏。

（2）生产加工区　主要包括四间二室一库：屠宰加工车间、副产品整理车间、冷却间、分割包装间、卫检办公室、化验室、冷库。

（3）病畜隔离区　包括一圈二间：病畜隔离圈、急宰间、无害化处理车间。

（4）行政生活区　办公室、宿舍、库房、车库、俱乐部、食堂等为一区，稍具规模的厂（场）应另辟生活区。应在生产加工区的上风点。

（5）动力区　锅炉房、压缩车间、供暖、供电、供汽以及制冷等设备。

贮畜场应距生活区较远。制药车间、化验室、办公室及宿舍应布置在生产区的上风点。病禽隔离圈、急宰间、化制间及污水、粪便处理场所应布置在生产区的下风点，并与其他部门保持适当的距离。

二、宰前基本设施与设备要求

宰前建筑设施包括卸猪站台、赶猪道、验收间（包括司磅间）、待宰间（包括待宰冲淋间）、隔离间、兽医工作室与药品间等。

（1）卸猪台　卸猪台宜设置机械式协助平台或普通站台，并应高出路面（0.90～1.00m），且宜设在运猪车前进方向的左侧，应设置安全围栏。

（2）赶猪道　为连接待宰间、隔离间、急宰间的通道，赶猪道宽度应大于1.50m，坡度应小于10.0%。其附近应有洗车台，洗车台应设有冲洗消毒及集污设施。

（3）验收间　卸猪台附近应设验收间，对猪进行下车后的检验检疫，并采集猪尿筛查瘦肉精。有的验收间内设地磅，磅坑内应设地漏。

（4）待宰间　待宰间是健康猪宰前停食、静养、饮水的场所。待宰间内应设饮水槽或饮水龙头，饮水槽应有溢流口。

（5）隔离间　隔离间是隔离病猪和可疑病猪的场所，与待宰间及御猪台靠近相通。

（6）淋浴间　是生猪屠宰前淋浴的场所，淋浴间内设有足够的喷淋头和水压，便于冲洗淋浴生猪身上的污物。待宰冲淋间至少设有2个隔间，每个隔间都与赶猪道相连，其走道宽度不应小于1.20m。

（7）急宰间、无害化处理间　急宰间宜设在待宰间和隔离间附近。急宰间如与无害化处理间合建在一起时，中间应设隔墙。出入口处应设置便于手推车出入的消毒池。消毒池应与门同宽、长不小于2.0m、深0.1m且能排放消毒液。无害化处理的设备配置应符合国家相关法律法规、标准和规程的要求，满足无害化处理的需要。没有设立无害化处理间的屠宰企业，应委托具有资质的专业无害化处理场实施无害化处理。

（8）官方兽医室　屠宰企业应设有官方兽医室，便于宰前宰后官方兽医检验人员的工作与办公。

三、宰后基本设施与设备要求

（一）车间建筑要求

（1）车间地面应采用不渗水、防滑、易清洗、耐腐蚀的材料铺盖。排水坡度：分割肉车间不小于1%，屠宰车间不小于2%。

（2）车间内墙面应光滑平整，以自然白色为主色调。车间内墙应贴白瓷砖。

（3）地角、墙角、顶角等处的阴阳角成弧形内圆角，避免积留污物。

（4）顶或吊顶的表面应平整、防潮、防灰尘沾污，使用的材料应便于清洗、消毒。

（5）门窗采用符合卫生要求的材料制作，内窗台应向内倾斜45°或采用无窗台结构。

（6）在车间各兽医检验点，应设有操作台，并备有冷热水和刀具消毒设备。在放血、开膛、摘除内脏、劈半等加工点，也应有刀具消毒设备。

（二）传送装置的卫生要求

（1）要求采用架空轨道，使屠体的整个加工过程在悬挂状态下进行。从主干轨道可分出内脏轨道、病猪分离轨道等若干道，以便将需要隔离的屠体从生产流程中分离出来。病猪轨道和生产轨道在病猪间内形成回路。

（2）在悬挂屠体的架空轨道旁边，应设置同步运行检验的内脏和头的传送装置（或安装悬挂式输送装置），以便兽医检验人员实施“同步检验”。

（3）为了减少污染，屠宰加工车间与其他车间的联系、最好采用架空轨道和转送带转运产品，也可采用不渗水和便于消毒的不锈钢手推车。

（三）车间布局

车间的布局与设施应满足生产工艺流程和卫生要求。车间要划分清洁区和非清洁区。车间内各加工区应按生产工艺流程划分明确，人流、物流互不干扰，并符合工艺、卫生及检验检疫要求。

（四）车间排水

车间应设有易冲洗消毒的明沟排泄废液，车间内排水流向应从清洁区流向非清洁区。屠宰车间地面不应积水，地面排水坡度不应小于2%，以利于血污及废水迅速排泄。

（五）车间洗手设备

生产车间入口处、卫生间出口处，以及车间内适当的地点应设置与生产能力相适应的热水（不宜低于40℃）、冷水非手动开关式的洗手设备，并配有洗手液及干手器。

（六）车间专用容器

接触肉类的设备、器具，应使用无毒、无味、不吸水耐腐蚀、不易变形、不易脱落、可反复清洗与消毒的材料制作，在正常生产条件下不会与肉类、清洁剂和消毒剂发生反应，并应保持完好无损。实行“标识管理”和“分色管理”，使用不同颜色和不同标识的容器盛放不同的物品。

（七）检验室和检测室

屠宰车间在靠近屠宰生产线的采样处分别设置旋毛虫检验室和非洲猪瘟检测室，并备有检验设备。

（八）病猪及废弃物运送车

病猪及废弃物运送车是运送病害猪及其产品的不漏水专用车辆。

（九）温度控制

分割车间温度控制在（10±2）℃，预冷间0～4℃。市销分割肉冻结间的设计温度应为−23℃，冻结终了时肉的中心温度不应高于−15℃。对于出口的分割肉，分割肉冻结间的设计温度应为−35℃，冻结终了时肉的中心温度不应高于−18℃。

有温度要求的场所应安装温度显示装置，并对温度进行监控，必要时配备湿度计。温度计和湿度计应定期校准。

运输车辆应根据产品特点配备制冷、保温等设施，以保持运输过程中肉品处于规定的温度环境中。

第三节　屠宰场（厂）消毒

一、消毒和灭菌的概念

1. 消毒

消毒是指利用物理、化学等方法杀死或去除环境中媒介物携带的除细菌芽孢以外的病原微生物或有害微生物，以防止疫病传播和危害发生的措施。

2. 灭菌

灭菌是指利用物理、化学等方法杀死或去除环境中媒介物携带的所有微生物，以防止疫病传播和危害发生的措施。灭菌在杀灭微生物的程度上要求比消毒更高。

二、屠宰企业常用消毒剂

（一）常用消毒剂的消毒灭菌原理及用途

1. 含氯类消毒剂

含氯类消毒剂是指溶于水后产生具有杀灭微生物活性的次氯酸成分的消毒剂，其杀灭微生物有效成分常以有效氯表示。含氯消毒剂可杀灭各种微生物，包括细菌繁殖体、病毒、真菌、结核杆菌和抗力最强的细菌芽孢。这类消毒剂包括无机氯化合物（如二氧化氯、次氯酸钠、次氯酸钙、氯化磷酸三钠），有机氯化合物（如二氯异氰尿酸钠、三氯异氨尿酸、氯胺T等）。含氯消毒剂在屠宰场可以用于进出场、圈舍、生产区、车辆、工器具等的干粉消毒、喷洒消毒、浸泡消毒和擦拭消毒。

2. 过氧化物类消毒剂

过氧化物类消毒剂具有强氧化能力，可将所有微生物杀灭，各种微生物对其十分敏感。这类消毒剂包括过氧化氢、过氧乙酸、二氧化氯和臭氧等。它们的优点是消毒后在物品上不留残余毒性。由于化学性质不稳定须现用现配，且因其氧化能力强，高浓度时可刺激、损害皮肤黏膜，腐蚀物品。过氧化物类消毒剂在屠宰场可以用于圈舍、生产区、冷库等的消毒。

3. 醛类消毒剂

醛类消毒剂消毒原理为一种活泼的烷化剂作用于微生物蛋白质中的氨基、羧基、羟基和巯基，从而破坏蛋白质分子，使微生物死亡。这类消毒剂包括甲醛和戊二醛等。醛类消毒剂可以用于屠宰加工厂圈舍的熏蒸消毒以及工、器具的消毒，消毒时穿戴防护用具（口罩、手套、胶靴、防护服等），熏蒸时人员不要停留于消毒空间。

4. 醇类消毒剂

醇类消毒剂可凝固蛋白质，导致微生物死亡，属于中效消毒剂。可杀灭细菌繁殖体，破坏多数亲脂性病原微生物。最常用的是乙醇和异丙醇，由于易挥发，应采用浸泡消毒或反复擦拭以保证其作用时间。屠宰加工企业可以用于工、器具，人手的浸泡（或喷洒、擦拭）消毒。

5. 酚类消毒剂

酚类消毒剂在高浓度下可裂解并穿透细胞壁，使菌体蛋白凝集沉淀，快速杀灭细菌；在低浓度下，可使细菌的酶系统失去活性，导致细胞死亡，从而发挥消毒灭菌作用，酚类消毒剂属于中效消毒剂，具有刺激性气味，污染环境，现已经较少使用。常见的酚类消毒剂包括苯酚、甲酚、卤代苯酚及酚的衍生物，常用的煤酚皂又名来苏儿，其主要成分为甲基苯酚。

6. 含碘类消毒剂

含碘类消毒剂依赖卤化微生物蛋白质杀灭微生物的繁殖体，常用的是碘酊和碘伏。屠宰场可以使用这类消毒剂用于人员的擦拭消毒等。

7. 季铵类消毒剂

季铵类消毒剂为阳离子表面活性剂，可改变细菌细胞膜的通透性，使菌体物质外渗，阻碍其代谢而致细菌死亡，忌与阴离子表面活性剂共用。常用的苯扎溴铵（新洁尔灭）为该类消毒剂，可以用于屠宰场的工、器具以及人员手臂等的浸泡消毒。

8. 酸碱类消毒剂

酸类消毒剂中高浓度的氢离子能使病原体蛋白变性和水解，而低浓度的氢离子可以改变病原体表面蛋白两性物质的离解度，抑制细胞膜的通透性，影响微生物的吸收、排泄、代谢和生长。碱类消毒剂的阴性氢氧根离子能水解蛋白质和核酸，使微生物酶系统和细胞结构受损，同时碱还能抑制微生物正常代谢，它对病毒也具有较强的杀灭作用，高浓度的碱可以杀死细菌芽孢。酸碱类消毒剂多用于屠宰加工厂的进出场、圈舍、运输车辆及废弃物的消毒。

（二）消毒液配制及监控

1. 消毒液的配制原则

（1）提前领取每日所需的消毒药，存放到化学物专用贮存柜中。

（2）每日生产前提前20min进入车间，按规定的浓度配制好各消毒池的消毒液。

（3）每隔1h对各消毒池的消毒液浓度用测氯试纸进行一次检测，发现浓度达不到标准时必须重新配制。

（4）每隔1h对各岗位工人的手进行一次消毒，用浓度为75%的酒精。

（5）应记录好每次配制的时间、地点及所用的消毒剂名称、浓度。每次检测和重新配制的情况也应及时记录。

2. 消毒液的质量监控

（1）每日开工前和监测不合格后另行配制。

（2）原则上每1h监测一次。

三、屠宰企业消毒方法及注意事项

（一）进出场消毒

屠宰企业动物和废弃物的出入口设置车辆消毒池，消毒池与门同宽，长4m，深0.3m，池内置2%～3%的氢氧化钠溶液或使用50mg/L的含氯消毒剂（二氧化氯、次氯酸钠、二氯异氰尿酸钠），用于消毒车轮，其溶液深度不小于25cm。同时，配置低压消毒器械，用600～700mg/L次氯酸钠对进出场车辆及生猪进行喷雾消毒。

（二）圈舍消毒

（1）空圈舍消毒　圈舍清洗干净以后，用2%～3%氢氧化钠溶液或含有效氯50～100mg/L的消毒液喷雾消毒，2h后，先用质地较硬的刷子刷洗，再用清水冲洗。放干后，用固体甲醛或过氧乙酸熏蒸12h。

（2）有畜消毒清洗后用0.1%过氧乙酸、0.5%强力消毒灵溶液、0.015%百毒杀溶液喷雾或用1：1200消毒威药液对圈舍、地面、墙体、门窗及畜禽体表喷雾，每平方米用配制好的消毒液300～500mL，每周1～2次。

（3）隔离圈消毒（带有可疑病猪污染的情况下）采用3%～5%氢氧化钠溶液或含有效氯100～200mg/L的消毒液喷雾或喷洒消毒。遇有炭疽、猪丹毒、非洲猪瘟时氢氧化钠浓度可采用10%消毒液进行消毒。

（三）生产区消毒

1. 车间入口消毒

（1）生产区入口设置合理分布的紫外灯，紫外线灯管约每45d检查更换1次。有条件的企业可以选用臭氧发生器或消毒风机。

（2）车间、卫生间入口处及靠近工作台的地方，应设有洗手、消毒和干手设施以及工具清洗、消毒设备，洗手的水龙头要有冷水、热水供应。并用非手动式开关，干手设施用采用烘手器或一次性使用消毒纸巾。

（3）屠宰分割车间、急宰与无害化处理车间入口应设置与门同宽的鞋底消毒池（内置有效氯含量为600～700mg/L的消毒液），池长度大于2.0m，深0.1m，设有地漏便于排放和及时更换消毒液。

2. 车间清洗消毒

（1）首先清除地面、墙面和设备表面污物，用高压清洗消毒机（0.04%季铵盐消毒剂）对生产设备及墙面、地面彻底清理消毒，再用清水冲洗干净墙面、地面及设备；也可用0.01%～0.02%次氯酸钠消毒液喷洒消毒，20min后用清水冲洗干净。每日清洗消毒完后，非工作时间，用臭氧发生器（臭氧浓度按100～200mg/m^3）消毒1～2h。

（2）分割车间每日上班前彻底清洗四分体锯、输送机、去筋膜机、操作台，随时清扫地面。工作人员每1h对手用75%酒精喷雾消毒1次。每日生产完毕后、用82℃以上热水清洗消毒操作台，用高压清洗消毒机将地面、墙壁、设备等彻底清扫干净。非工作日可用紫外线消毒或臭氧进行消毒1～2h。

（3）包装车间每日上班前、下班后彻底清洗分拣台、真空包装机、热收缩炉、金属探测仪操作台。工作中随时清扫地面。工作人员每1h对手用75%酒精消毒一次，每日生产完毕后，把操作台和地面、墙壁、设备彻底清扫干净。有条件的企业每日用臭氧进行消毒1～2h。

（四）冷库消毒

（1）冷库消毒不能使用剧毒、有气味的药物。

（2）应做好定期消毒计划，消毒前先将库内的物品全部搬空，升高温度，用机械方法清除地面、墙壁、板顶上的污物和排管上的冰霜，有霉菌的地方应用刮刀或刷子仔细清除、然后用5%～10%的过氧乙酸水溶液电热熏蒸或喷雾消毒。

（3）应在发生疫情时进行紧急消毒，将库内物品搬空后，在低温条件下进行消毒，可使用过氧乙酸，按每立方米1～3g配成3%～5%的溶液（为了防冻可以加入乙酸、乙二醇等有机溶剂），加热熏蒸，密闭1～2h，或用0.05%～0.50%的浓度进行喷雾熏蒸，喷雾后密闭1～2h；也可以用福尔马林按25mL/m^{3}加沸水12.5mL，置于金属容器中，任其自然蒸发，或在冷库外加热，用管道将蒸汽通入冷库内。

（4）消毒完毕后，应打开库门，通风换气，驱散消毒药气味。

（五）车辆、工器具消毒

（1）屠宰和检验刀具每天洗净、煮沸消毒后浸入0.1%的苯扎溴铵溶液内，或用0.5%的过氧乙酸、60mg/L的次氯酸钠溶液浸泡消毒。

（2）胶靴、围裙等橡胶制品，用有效氯含量为600～700mg/L的消毒液或2%～5%的福尔马林溶液进行擦拭消毒，工作服、口罩、手套等进行煮沸消毒，或采用一次性用品。

（3）屠宰过程中与胴体接触的刀、钩、劈半器等工具应用不低于82℃的热水消毒。

（4）生产加工或检验检疫过程中，如所用工具（刀等）触及带病菌的屠体或病变组织时应将工具彻底消毒后再继续使用。

（5）没有装运过肉品原料（主要指各类畜禽）及其产品的车船等运输工具，装运前进行清洗，然后用0.1%的苯扎溴铵溶液消毒。

（6）装运过健康畜禽的车船等运输工具，先进行清扫冲洗后，再用60～70℃的热水冲洗消毒。

（7）装运过患病畜禽的车船等运输工具，在进行一般的机械清扫后，用4%的氢氧化钠溶液消毒2～4h后用清水冲洗。

（8）装运过恶性传染病畜禽的车船等运输工具，先用4%的甲醛溶液或含有有效氯不低于4%的漂白粉澄清溶液喷洒消毒（均按0.5kg/m^{2}消毒液量计算），保持0.5h后再用热水仔细冲洗，然后再次用上述消毒液进行消毒（1kg/m^2）。

第四节　屠宰场人员卫生要求

一、生猪屠宰厂工作人员卫生要求

1. 人员健康要求

生猪屠宰厂检验检疫员、屠宰加工人员与管理人员健康情况必须符合《中华人民共和国食品安全法》和GB 12694—2016《食品安全国家标准　畜禽屠宰加工卫生规范》的要求，经疾控部门体检合格并取得“健康证明”后方能持证上岗。每年应进行一次健康检查，凡患有影响食品安全疾病者，应调离食品生产岗位。

2. 人员配备及岗位要求

生猪屠宰场应配备与屠宰规模相应数量的检验检疫员，年屠宰量15万～20万头的配备8～15名，年屠宰规模在20万～30万头的配备16名以上，年屠宰规模在30万头以上的配备20名以上。从事屠宰、分割、加工、检验检疫和卫生控制的人员应经过专业培训并经考核合格后方可上岗。

3. 工作人员着装要求

工作人员的服装应集中保管，集中清洗消毒，统一发放和统一回收。

（1）不同工作区域人员着装要求　生猪屠宰场不同卫生要求区域的岗位人员应穿戴不同颜色或不同标志的工作服、帽，以示区别，并明确工作职责、工作权限和义务。

（2）工作人员进入车间着装要求　工作人员进入车间必须穿工作服、工作鞋，戴工作帽，戴口罩，头发不外露，不化妆，不留长指甲，不涂抹指甲油，不戴首饰和手表。离开车间时应将工作服、工作靴，工作帽换下，不得穿工作服、工作靴，戴工作帽到非生产场所和卫生间。

4. 岗位要求

（1）坚守岗位　工作人员应按规定进入工作岗位，洁净区与非洁净区的人员不得相互串岗。

（2）外伤处理　凡受刀伤或其他外伤的生产人员应立即采取妥善措施包扎防护否则不得从事屠宰、检验检疫和接触肉品的工作。

5. 洗手消毒要求

生产与检验检疫员遇到下列情况之一，必须消毒洗手。

（1）进入车间之前。

（2）开始工作之前。

（3）上厕所之后。

（4）处理被污染的原料或病猪及其产品之后。

（5）从事与生产无关的其他活动之后。

6. 工作人员进入屠宰加工车间的卫生操作流程

工作人员进入车间操作流程：穿工作服、工作鞋、戴口罩，戴帽→洗手消毒→服装除尘→鞋靴消毒（清洗）。

（1）穿工作服、工作鞋，戴口罩，戴工作帽。

（2）进入车间洗手消毒流程　通常的消毒顺序：冲洗→洗手液搓洗→冲洗洗手液→消毒（0.005%～0.01%二氧化氯浸泡30s）→冲洗→风机干手（或一次性干手纸巾）或冲洗洗手液后风干手，用75%酒精擦拭消毒。

（3）服装除尘　用滚刷或风淋机除去身上的灰尘、头屑、毛发等污物。

（4）鞋靴消毒和清洗　进入车间要通过消毒池进行鞋靴消毒，鞋靴还要经常进行清洗。

二、外来人员卫生要求

外来人员包括进厂视察、检查工作和参观、学习等人员，身体必须健康，无疫病传染源携带。

（1）外来人员健康情况必须符合《中华人民共和国食品安全法》的要求方可进入厂区。

（2）外来人员进入生产车间必须穿工作服、工作靴，戴工作帽、戴口罩，头发不外露；手表、首饰和手机等不得带入生产车间内，交由接待人员代为保管。

（3）外来人员进入车间之前和上厕所之后必须消毒洗手。

（4）不得在生产区域内从事可能影响产品质量的活动。

（5）外来参观人员不得用手触摸产品，更不能触碰设备，要远离设备和操作人员，确保安全。

第五节 无害化处理

在农医发［2017］25号《病死及病害动物无害化处理技术规范》中：无害化处理是指用物理、化学等方法处理病死动物及病害动物和相关动物产品消灭其所携带的病原体，消除危害的过程。

一、屠宰企业无害化处理的必要性

（1）屠宰企业无害化处理是控制疫病传播的需要。在宰前或宰后检验检疫中发现的病猪及其产品可能含有能引起人或相关动物的传染疾病或寄生虫病，通过彻底的无害化处理措施能切断其传播途径，防止疫病的传播，保护养殖业的安全。

（2）屠宰企业无害化处理是保障生猪屠宰产品质量安全的需要。在宰前或宰后检验检疫中发现生猪及其产品可能含有对人体健康产生危害的病原体或有害物质，通过严格的无害化处理措施能够去除这些危害，保证上市肉品的安全，保障消费者的安全健康。

（3）屠宰企业无害化处理是环境保护的需要。屠宰环节会产生大量粪尿、蹄毛、血污油脂、残渣等，易引发腥臭的污水、污物，会对周边土壤、水体、生态平衡等产生影响。屠宰企业必须对产生的污水、污物经过彻底的无害化处理之后，才能保障环境的安全，维护生态可持续发展。

二、生猪屠宰过程中无害化处理的对象

（一）宰前检验检疫发现要进行无害化处理的对象

（1）已经死亡的　包括病死、毒死、死因不明、机械性死亡、应激性反应死亡等各种原因致死的。

（2）待宰期间死亡的　包括病死、毒死、死因不明、机械性死亡、应激性反应死亡等各种原因死亡的。

（3）有毒有害的　包括含有瘦肉精、注水注胶、食物中毒等人食用后可引起中毒的猪肉产品。

（4）患病的　患传染病和寄生虫病的病猪；极度消瘦、水肿、急慢性中毒等各类疾病的猪。

（5）机械损伤的　检验中因机械伤残，做修割处理的伤残部分，不宜进行食用的。

（二）宰后检验检疫发现要进行无害化处理的对象

（1）患传染病或寄生虫病的。

（2）有毒有害的　未及时销售腐败变质的、经过实验室检验有害物质超标的、含瘦肉的、注水注胶肉等。

（3）人工接种病原微生物或进行药物试验的病害产品。

（4）患其他全身性疾病的　极度放血不全的、白肌病中见心肌有变化的、黄疸、黄脂病中有异味的、脓毒败血症、尿毒症、急慢性中毒、全身性肿瘤、过度瘠瘦、肌肉变质、高度水肿等变化的。

（5）患局部病变的　如非恶性肿瘤、化脓灶、机械损伤、黄脂的脂肪、白肌肉、黑干肉、骨血素病、病理性肥大或萎缩、严重出血、皮肤发炎、钙化变性、寄生虫损害部分，色泽、气味异常部分及有碍食品卫生的部分。

三、屠宰企业无害化处理的方法及注意事项

按照农业部印发的农医发［2017］25号《病死及病害动物无害化处理技术规范》的要求，屠宰企业在生产过程中要对病害动物及相关物品应进行无害化处理，防止疫病的传播及危害，保障消费者的食肉安全。

（一）焚烧法及注意事项

焚烧法是指在焚烧容器内，使动物尸体及相关动物产品在富氧或无氧条件下进行氧化反应或热解反应的方法。适用对象是：国家规定的染疫动物及其产品、病死或者死因不明的动物尸体，屠宰前确认的病害动物、屠宰过程中经检疫或肉品品质检验确认为不可食用的动物产品，以及其他应当进行无害化处理的动物及动物产品。

1. 直接焚烧法

（1）技术工艺

①病死及病害动物和相关动物产品投至热解炭化室，在无氧情况下经充分热解，产生的热解烟气进入二次燃烧室继续燃烧，产生的固体炭化物残渣经热解炭化室排出。

②热解温度≥600℃，二次燃烧室温度≥850℃，焚烧后烟气在850℃以上停留时间≥2s。

③烟气经过热解炭化室热能回收后，降至600℃左右，经烟气净化系统处理，达到GB 16297—2017《大气污染物综合排放标准》要求后排放。

（2）注意事项

①严格控制焚烧进料频率和重量，使物料能够充分与空气接触，保证完全燃烧。

②燃烧室应保持负压状态，避免焚烧过程中发生烟气泄漏。

③燃烧所产生的烟气从最后的助燃空气喷射口或燃烧器出口到换热面或烟道冷风引射口之间的停留时间应≥2s。

④二燃室顶部设紧急排放烟囱，应及时开启。

⑤应配备充分的烟气净化系统，包括喷淋塔、活性炭喷射吸附、除尘器、冷却塔、引风机和烟囱等，焚烧炉出口烟气中氧含量应为6%～10%（干气）。

2. 炭化焚烧法

（1）技术工艺

①病死及病害动物和相关动物产品投至热解炭化室，在无氧情况下经充分热解，产生的热解烟气进入二次燃烧室继续燃烧，产生的固体炭化物残渣经热解炭化室排出。

②应热解温度≥600℃，二次燃烧室温度≥850℃，焚烧后烟气在850℃以上停留时间≥2s。

③烟气经过热解炭化室热能回收后，降至600℃左右，经烟气净化系统处理，达到GB 16297—2017《大气污染物综合排放标准》要求后排放。

（2）注意事项

①应检查热解炭化系统的炉门密封性，以保证热解炭化室的隔氧状态。

②应定期检查和清理热解气输出管道，以免发生阻塞。

③热解炭化室顶部需设置与大气相连的防爆口，热解炭化室内压力过大时可自动开启泄压。

④应根据处理物的种类、体积等严格控制热解温度、升温速度及物料在热解炭化室里的停留时间。

（二）化制法及注意事项

化制法分为干化法和湿化法，是指原料在密闭的高压容器内，利用专用干化机、湿化机，通过向容器夹层或容器通入高温饱和蒸汽，在干热、压力或高温、压力的作用下，处理动物尸体及相关动物产品的方法。化制法不得用于患有炭疽等芽孢杆菌类疫病，以及牛海绵状脑病、痒病的染疫动物及产品、组织的处理。

1. 干化法

（1）技术工艺

①可视情况对病死及病害动物和相关动物产品进行破碎等预处理。

②病死及病害动物和相关动物产品或破碎产物输送入高温高压灭菌容器。

③处理物中心温度≥140℃，压力≥0.5MPa（绝对压力），时间≥4h（具体处理时间随处理物种类和体积大小而设定）。

④加热烘干产生的热蒸汽经废气处理系统后排出。

⑤加热烘干产生的动物尸体残渣传输至压榨系统处理。

（2）注意事项

①化制过程中，搅拌系统的工作时间应以烘干剩余物基本不含水分为宜，根据处理物量的多少适当延长或者缩短搅拌时间。

②应使用合理的污水处理系统，有效去除干化后产生的有机物和氨氮，以达到国家规定的排放要求。

③应使用合理的废气处理系统，有效吸收处理过程中动物尸体腐败产生的恶臭气体，使废气排放符合国家相关标准。

④高温高压容器操作人员应当符合相关专业要求，持证上岗。

⑤处理结束后，需要对墙面、地面及其相关工具进行彻底清洗消毒。

2. 湿化法

（1）技术工艺

①可视情况对病死及病害动物和相关动物产品进行破碎预处理。

②将病死及病害动物和相关动物产品或破碎产物送入高温高压容器，总质量不得超过容器总承受力的4/5。

③处理物中心温度≥135℃，压力≥0.3MPa（绝对压力），处理时间≥30min（具体处理时间随处理物种类和体积大小而设定）。

④高温高压结束后，对处理产物进行初次固液分离。

⑤固体物经破碎处理后，送入烘干系统；液体部分送入油水分离系统处理。

（2）注意事项

①高温高压容器操作人员应符合相关专业要求。

②处理结束后，需对墙面、地面及其相关工具进行彻底清洗消毒。

③冷凝排放水应冷却后排放，产生的废水应经污水处理系统处理达标后排放。

④处理车间废气应通过安装自动喷淋消毒系统、排风系统和高效微粒空气过滤器（HEPA过滤器）等进行处理，达标后排放。

（三）高温法及注意事项

不得用于患有炭疽等芽孢杆菌类疫病，以及牛海绵状脑病、痒病的染疫动物及产品、组织的处理。

1. 技术工艺

（1）可视情况对病死及病害动物和相关动物产品进行破碎等预处理。处理物或破碎产物体积（长×宽×高）≤125cm^3（5cm×5cm×5cm）。

（2）向容器内输入油脂，容器夹层经导热油或其他介质加热。

（3）将病死及病害动物和相关动物产品或破碎产物输送入容器内，与油脂混合。常压状态下，维持容器内部温度≥180℃，持续时间≥2.5h（具体处理时间随处理物的种类和体积大小而设定）。

（4）加热产生的热蒸汽经废气处理系统后排出。

（5）加热产生的动物尸体残渣传输至压榨系统处理。

2. 操作注意事项

操作注意事项同干化法。

（四）深埋法及注意事项

深埋法是指按照相关规定，将病死及病害动物和相关动物产品投入深埋坑中并覆盖、消毒，处理病死及病害动物和相关动物产品的方法。

适用对象：发生动物疫情或自然灾害等突发事件时病死及病害动物的应急处理，以及边远和交通不便地区零星病死畜禽的处理。不得用于患有炭疽等芽孢杆菌类疫病，以及牛海绵状脑病、痒病的染疫动物及产品、组织的处理。

1. 选址要求

（1）应选择地势高燥，处于下风向的地点。

（2）应远离学校、公共场所、居民住宅区、村庄、动物饲养和屠宰场所、饮用水源地、河流等地区。

2. 技术工艺

（1）深埋坑体容积以实际处理动物尸体及相关动物产品数量确定。

（2）深埋坑底应高出地下水位1.5m以上，要防渗、防漏。

（3）坑底撒一层厚度为2～5cm的生石灰或漂白粉等消毒药。

（4）将动物尸体及相关动物产品投入坑内，最上层距离地表1.5m以上。

（5）生石灰或漂白粉等消毒药消毒。

（6）覆盖距地表20～30cm，厚度不少于1～1.2m的覆土。

3. 操作注意事项

（1）深埋覆土不要太实，以免腐败产气造成的气泡冒出和液体渗漏。

（2）深埋后，在深埋处设置警示标识。

（3）深埋后，第一周内应每日巡查1次，第二周起应每周巡查1次，连续巡查3个月，深埋坑塌陷处应及时加盖覆土。

（4）深埋后，立即用氯制剂、漂白粉或生石灰等消毒药对深埋场所进行1次彻底消毒。第1周内应每日消毒1次，第2周起应每周消毒1次，连续消毒3周以上。

（五）化学处理法

1. 硫酸分解法

硫酸分解法适用对象：不得用于患有炭疽等芽孢杆菌类疫病，以及牛海绵状脑病、痒病的染疫动物及产品、组织的处理。其他适用对象同焚烧法。

（1）技术工艺

①可视情况对病死及病害动物和相关动物产品进行破碎等预处理。

②将病死及病害动物和相关动物产品或破碎产物投至耐酸的水解罐中，按每吨处理物加入水150～300kg，后加入98%浓硫酸300～400kg（具体加入水和浓硫酸量随处理物的含水量而设定）。

③密闭水解罐，加热使水解罐内升至100～108℃，维持压力≥0.15MPa，反应时间≥4h，至罐体内的病死及病害动物和相关动物产品完全分解为液态。

（2）操作注意事项

①处理中使用的强酸应按国家危险化学品安全管理、易制毒化学品管理有关规定执行，操作人员应做好个人防护。

②水解过程中要先将水加入到耐酸的水解罐中，然后加入浓硫酸。

③控制处理物总体积不得超过容器容量的70%。

④酸解反应的容器及储存酸解液的容器均要求耐强酸。

2. 化学消毒法

化学消毒法适用对象：适用于被病原微生物污染或可疑被污染的动物皮毛消毒。

（1）盐酸食盐溶液消毒法

①用2.5%盐酸溶液和15%食盐水溶液等量混合，将皮张浸泡在此溶液中，并使溶液温度保持在30℃左右，浸泡40h，1m^{2}的皮张用10L消毒液（或按100mL 25%食盐水溶液中加

入盐酸1mL配制消毒液，在室温15℃条件下浸泡48h，皮张与消毒液之比为1∶4）。

②浸泡后捞出沥干，放入2%（或1%）氢氧化钠溶液中，以中和皮张上的酸，再用水冲洗后晾干。

（2）过氧乙酸消毒法

①将皮毛放入新鲜配制的2%过氧乙酸溶液中浸泡30min。

②将皮毛捞出，用水冲洗后晾干。

（3）碱盐液浸泡消毒法

①将皮毛浸入5%碱盐液（饱和盐水内加5%氢氧化钠）中，室温（18～25℃）浸泡24h，并随时加以搅拌。

②取出皮毛挂起，待碱盐液流净，放入5%盐酸液内浸泡，使皮上的酸碱中和。

③将皮毛捞出，用水冲洗后晾干。

（六）需要无害化处理物品的收集、包装、贮存及运输要求

1. 包装

（1）包装材料应符合密闭、防水、防渗、防破损、耐腐蚀等要求。

（2）包装材料的容积、尺寸和数量应与需处理病死及病害动物和相关动物产品的体积、数量相匹配。

（3）包装后应进行密封。

（4）使用后，一次性包装材料应作销毁处理，可循环使用的包装材料应进行清洗消毒。

2. 暂存

（1）采用冷冻或冷藏方式进行暂存，防止无害化处理前病死及病害动物和相关动物产品腐败。

（2）暂存场所应能防水、防渗、防鼠、防盗，易于清洗和消毒。

（3）暂存场所应设置明显警示标识。

（4）应定期对暂存场所及周边环境进行清洗消毒。

3. 转运

（1）可选择符合GB 19217—2003《医疗废物转运车技术要求（试行）》条件的车辆或专用封闭厢式运载车辆。车厢四壁及底部应使用耐腐蚀材料，并采取防渗措施。

（2）专用转运车辆应加施明显标识，并加装车载定位系统，记录转运时间和路径等信息。

（3）车辆驶离暂存、养殖等场所前，应对车轮及车厢外部进行消毒。

（4）转运车辆应尽量避免进入人口密集区。

（5）若转运途中发生渗漏，应重新包装、消毒后运输。

（6）卸载后，应对转运车辆及相关工具等进行彻底清洗、消毒。

（七）屠宰场其他卫生要求

1. 人员防护

（1）病死及病害动物和相关动物产品的收集、暂存、转运、无害化处理操作的工作人

员应经过专门培训，掌握相应的动物防疫知识。

（2）工作人员在操作过程中应穿戴防护服、口罩、护目镜、胶鞋及手套等防护用具。

（3）工作人员应使用专用的收集工具、包装用品、转运工具、清洗工具、消毒器材等。

（4）工作完毕后，应对一次性防护用品作销毁处理，对循环使用的防护用品消毒处理。

2. 记录要求

病死及病害动物和相关动物产品的收集、暂存、转运、无害化处理等环节应建有台账和记录。有条件的地方应保存转运车辆行车信息和相关环节视频记录。

（1）接收和运出台账和记录

①接收台账和记录应包括病死及病害动物和相关动物产品来源场（户）、种类、数量、动物标识号、死亡原因、消毒方法、收集时间、经办人员等。

②运出台账和记录应包括运输人员、联系方式、转运时间、车牌号、病死及病害动物和相关动物产品的种类、数量、动物标识号、消毒方法、转运目的地以及经办人员等。

（2）无害化处理环节

①接收台账和记录应包括病死及病害动物和相关动物产品的来源、种类、数量、动物标识号、转运人员、联系方式、车牌号、接收时间及经手人员等。

②处理台账和记录应包括处理时间、处理方式、处理数量及操作人员等。

（3）涉及病死及病害动物和相关动物产品无害化处理的台账和记录至少要保存两年。

第二章　猪的解剖组织生理学基础知识与宰后肉的变化

第一节　解剖概述

解剖学是对生物形态或结构的研究，它可以分为宏观解剖学（总体）或微观解剖学。宏观解剖学处理可以用肉眼看到的结构，如神经、骨骼、肌肉和血管；而微观解剖学只能借助显微镜查看组织结构，如细胞、组织等。

猪的体表一般可划分为四部分：头颈部、前躯部、中躯部、后躯部（图2–1）。

（1）头颈部　由鼻端开始到颈肩接合处止，包括头部和颈部。头部包括额、耳、眼、脸、鼻端和下颌等。颈部是指猪头与体躯连接处。

（2）前躯部　由颈肩接合处至肩胛骨后缘止。

（3）中躯部　由肩胛后缘至腰角前缘止。

（4）后躯部　由腰角前缘至臀端止。

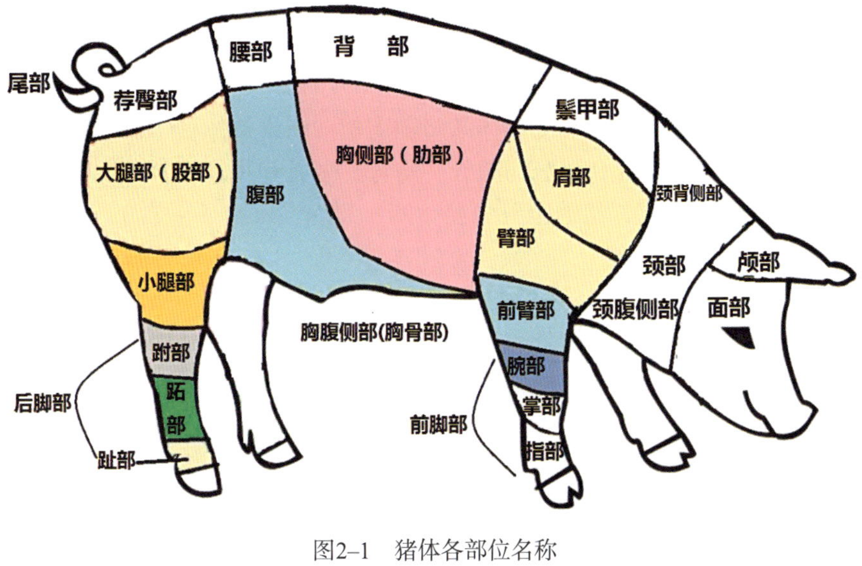

图2–1　猪体各部位名称

第二节　被皮系统

被皮系统是皮肤及皮肤衍生物的总称。皮肤衍生物包括猪的蹄、毛、汗腺、皮脂腺及乳腺等。动物是一个整体，任何一个部位出了问题，都会牵涉到其他部位，其中被皮就是重要的一项，机体内部出现问题多数会在皮肤上显示出来。

1. 皮肤结构

皮肤分为三层：表皮、真皮和皮下组织（皮下脂肪层）（图2–2）。表皮和真皮一般都是固定的，而皮下脂肪变化很大。皮肤中真皮作用最大，含有血管、神经、汗腺、皮脂腺、毛囊等。皮肤的主要成分是蛋白质，有美容功能。

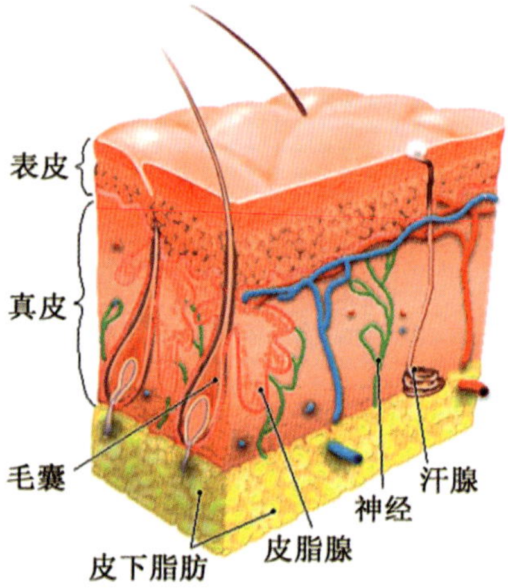

图2–2　皮肤的组织结构

皮肤覆盖了整个暴露的身体表面，并与黏膜连续的衬里开口对身体表面，例如，消化、呼吸和泌尿生殖系统。

2. 猪被皮系统的主要功能

（1）保护功能　保护机体不受外界因素损伤（机械、冷热、微生物等）。

（2）排泄　猪汗腺不发达，排泄只能靠肾，所以肾很容易发生病变。

（3）散热　恒温就必须不断的产热和散热，皮肤是散热的主要方式。

（4）感觉　冷、热、疼、痒都是靠皮肤感觉的。

（5）泌乳　乳腺（皮肤衍生物）的功能。

第三节　骨及骨连接、骨组织

（一）骨及骨连接

骨是运动系统的组成器官，是动物体的坚固支架，有维持体型、保护脏器、支持体重的作用。依据骨的形态和机能，骨分为长骨、扁骨、短骨和不规则骨。

骨骼由骨和骨连接组成，猪的全身骨骼（图2–3）有206块（左右），可分为头骨、躯干骨和四肢骨。

1. 头骨

头部骨骼主要由下颌骨、上颌骨、鼻骨、泪骨、颧骨、腭骨、顶骨、额骨、颞骨、筛骨、枕骨等组成。其中，下颌骨与颞骨形成下颌关节，能上下活动，其他头部骨骼则形成一个固定的整体。头部枕骨通过寰椎形成枕关节与颈椎相连。

2. 躯干骨

躯干骨骼主要由椎骨、胸骨和肋骨组成。其中，椎骨数由于品种不同而略有差异，一般包括颈椎7节、胸椎14 ~ 17节、腰椎6 ~ 7节、荐椎4节（成年后愈合为1个荐骨）、尾椎

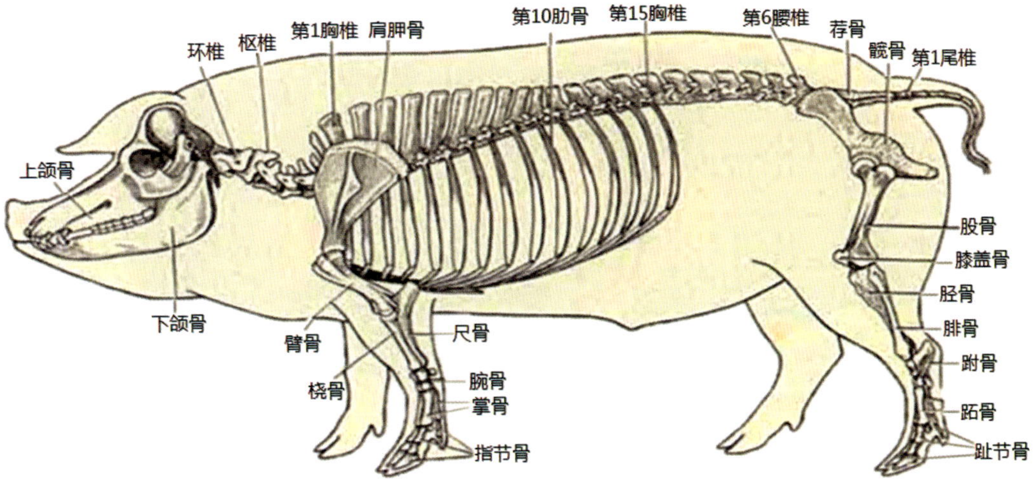

图2-3　猪体骨骼示意图

20～23个。肋骨与胸椎相连形成肋椎关节，末端与胸骨相连，三者形成胸腔。肋骨数量与胸椎相同，有14～17对。其中，寰骨与枢椎形成囊枢关节，与枕寰关节协同，提高了头部活动的灵活程度。

3. 四肢骨

前肢骨主要由成对的肩胛骨、臂骨、尺骨、桡骨、腕骨、掌骨、指骨等组成。

前肢骨骼与躯干骨不直接相连，而是由肩胛骨（称扇子骨）通过斜方肌、肩胛横突肌、三角肌、臂三头肌等多块肌肉与躯干链接，位于第3至第7胸椎处。其中，肩胛骨与臂骨形成肩关节，臂骨、尺骨与桡骨组成肘关节，桡骨、尺骨与腕骨、掌骨之间组成腕关节，掌骨与指骨形成指关节。

后肢骨骼主要由成对的髋骨、股骨、膝盖骨、胫骨、腓骨、跗骨、跖骨、趾节骨等组成。由髋骨与荐骨相连形成不可活动的荐髂关节，由髋骨和股骨组成髋关节，由股骨与胫骨组成股胫关节，股骨与髌骨组成股髌关节，由胫骨、腓骨和跗骨、跖骨组成跗关节，由跖骨与趾骨组成趾关节。

（二）骨组织

（1）骨的构造　骨分为骨膜、骨质、骨髓、血管和神经。骨膜根据部位不同分为骨外膜和骨内膜；根据功能和性质不同分为纤维层和成骨层。骨质是骨的主要组成部分，分为骨密质和骨松质。骨髓分红骨髓和黄骨髓两种（图2-4）。

（2）骨具有造血和贮存钙、磷的作用。

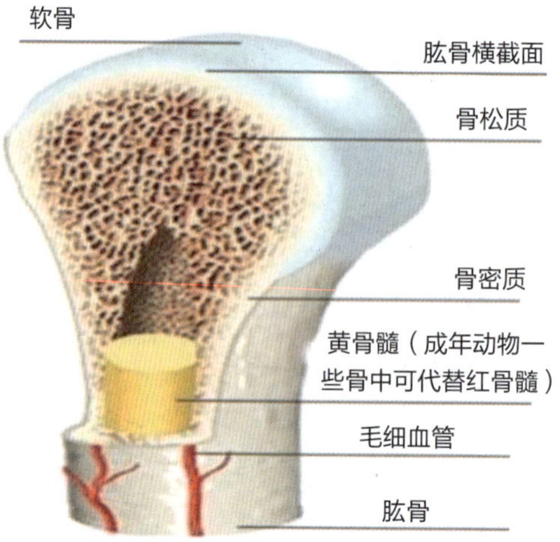

图2–4　皮肤结构示意图

第四节　肌肉组织

肌肉组织分布在机体的各个部位，分为头部肌肉、颈部肌肉、背部肌肉、胸部肌肉、腹部肌肉和四肢肌肉。

肌肉组织专门用于收缩，负责身体的运动和内部器官的大小和形状的变化。肌肉细胞通常被拉长并平行排列。

1. 肌肉组织

根据肌纤维的结构和分布，肌肉组织分为骨骼肌、平滑肌和心肌（图2–5）。骨骼肌附着在骨骼上，平滑肌分布于内脏及血管的管壁内，心肌分布于心脏。

（1）骨骼肌　骨骼肌约占体重的40%。每一块骨骼肌都被认为是一个器官，由肌肉纤维、结缔组织、血管和神经纤维组成（图2–6）。

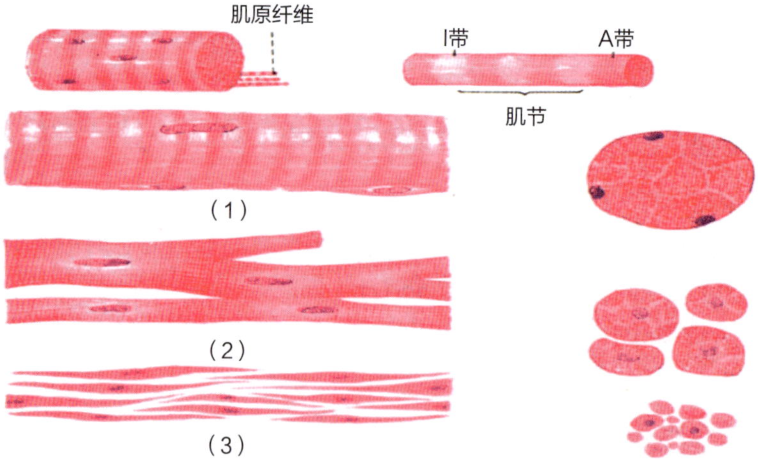

图2–5　三种肌纤维HE染色图

（1）骨骼肌纤维　（2）心肌纤维　（3）平滑肌纤维

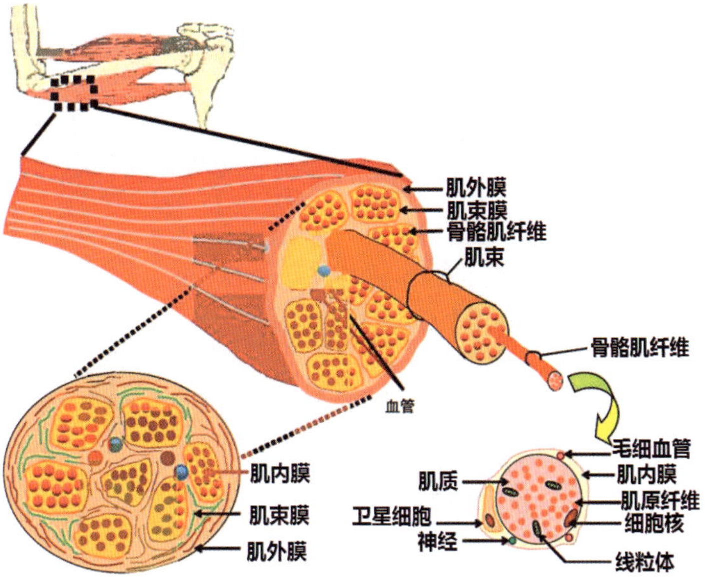

图2–6　骨骼肌示意图

①肌外膜：整个肌肉被一层致密的、不规则的结缔组织所包围，这层结缔组织被称为肌外膜，它含有密集的胶原纤维。这一层将肌肉与周围组织分开。

②肌束膜：肌肉由多束肌肉纤维组成。每一束都被含胶原蛋白和弹性纤维的周膜包裹。这一层包括血管和神经，为神经束提供血液。

③肌内膜：肌纤维由肌细胞组成。每个细胞都被肌内膜所包围。

在肌肉的末端附近，肌外膜、肌束膜和肌内膜混合在一起，形成一个束，称为肌腱，或形成一个宽的片，称为腱膜。肌腱和腱膜将肌肉附着在骨骼上，并与骨膜融合。这些附件允许肌肉收缩来移动骨骼。

骨骼肌纤维长，有条纹，多核。它们的细胞体大部分被肌原纤维所占据，而肌原纤维主要由肌球蛋白或肌动蛋白组成。骨骼肌条纹外观是由暗带（A）和明带（I）交替组成的。骨骼肌的功能单位是肌节，它由A带和I带交替组成。

猪体的浅层肌分布如图2–7所示。

（2）心肌　心肌是由心肌细胞（又称心肌纤维）组成的，只存在于心脏，被认为是无意识的横纹肌。与骨骼肌不同，心肌可以在没有神经刺激的情况下收缩，因此，心肌被称为自节律性肌肉。这种收缩通常是由一组具有类似起搏器功能的特殊心肌细胞控制的。

（3）平滑肌　平滑肌又称非横纹肌或不随意肌，可在血管、消化道、泌尿系统、生殖系统和呼吸系统周围发现。它可以在其他组织周围以束或片的形式存在。

2. 同步检疫中涉及的肌肉

（1）咬肌　位于下颌骨外侧，左右各一块。检验时，从左右下颌角外侧沿着与咬肌纤维垂直的方向分别平行切开两侧咬肌（图2–8）。

（2）腰肌　腰肌包括腰小肌和腰大肌，腰小肌狭而长，位于腰椎腹侧面、椎体两旁；腰大肌位于腰椎横突腹侧面，腰小肌的外侧（图2–9）。

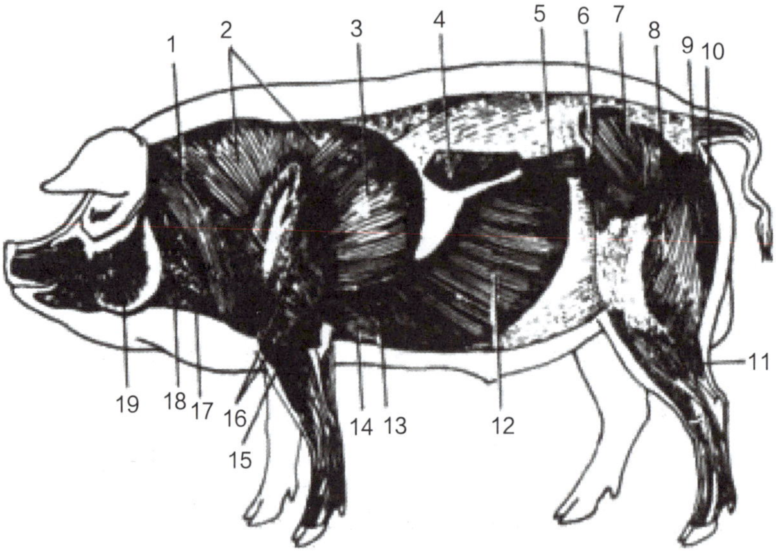

图2–7　猪体浅层肌

1—臂头肌　2—斜方肌　3—背阔肌　4—后背侧锯肌　5—背髂肋肌　6—阔筋膜张肌　7—臀中肌　8—股二头肌　9—半腱肌　10—半膜肌　11—腓肠肌　12—腹外斜肌　13—腹侧锯肌　14—胸深后肌　15—腕桡侧伸肌　16—臂三头肌　17—胸舌骨肌　18—腮肌　19—咬肌

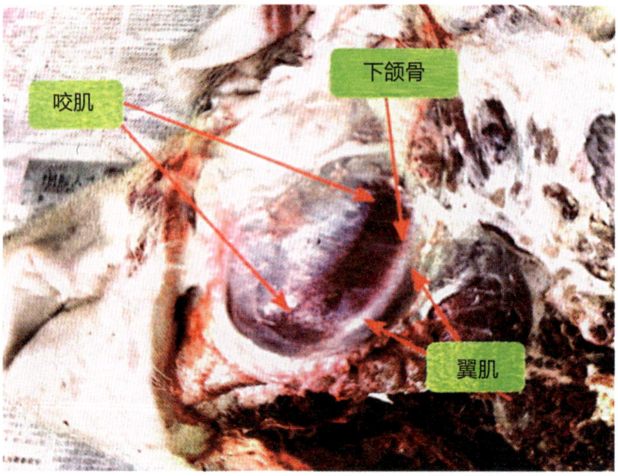

图2–8　猪咬肌示意图

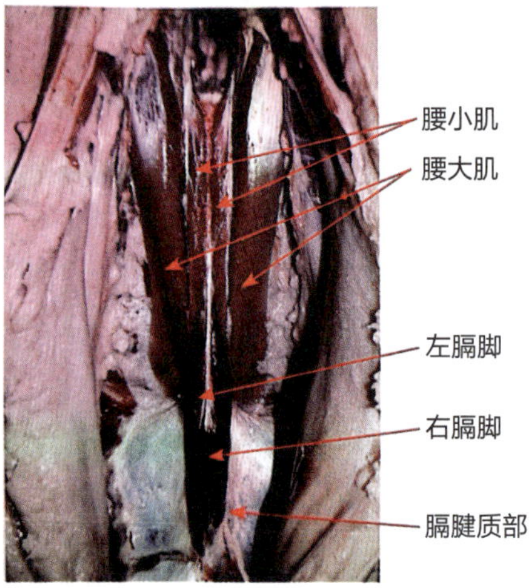

图2–9　猪腰肌、膈脚示意图

（3）膈脚肌左右两块肌肉，左膈脚较小，起于2～3腰椎腹侧，止于中央腱质部；右膈脚较大，起于前4个腰椎腹侧，止于中央腱质部如图2–9所示。

3. 几种常见的异常肉（图2–10）

（1）PSE猪肉（Pale Soft Exudative） 俗称水猪肉，猪肉色泽灰白，质地松软，缺乏弹性，切面多汁。PSE肉能够使用，但是加工品质和营养价值会降低。

（2）DFD猪肉（Dry Firm Dark） 猪肉色泽深暗，质地粗硬，切面干燥。DFD肉轻微的可以食用，严重的要做高温处理。

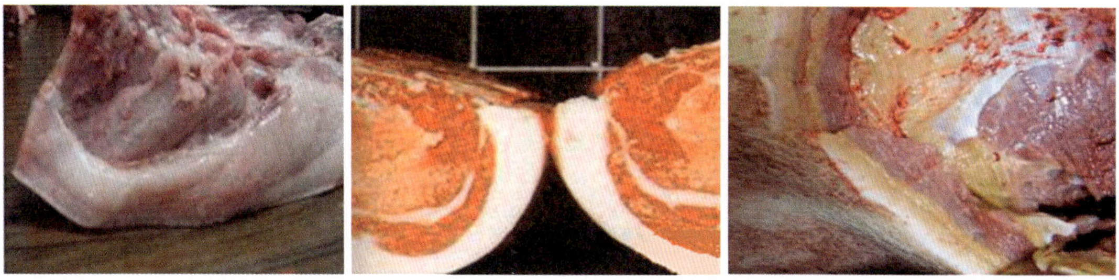

（1）　　（2）　　（3）

图2–10　常见的异常肉

（1）PSE肉 （2）DFD肉 （3）黄膘肉

（3）黄膘肉和黄疸肉　黄膘肉是由于猪胴体脂肪组织黄染现象；黄疸肉主要是胆汁排泄障碍、肌体大量溶血、寄生虫病等使全身组织变黄。

（4）红膘肉　由于充血、出血或血红素浸润所致，仅见于猪的皮下脂肪，是生猪宰后检验最为常见的病例。

第五节　心血管系统

心血管系统由三部分组成：血液、心脏和血管（图2–11）。血液是运输营养物质和废物、调节体温、免疫和酸碱平衡所必需的。心脏和血管帮助血液输送到全身。

（1）血液　血液有三种主要功能　运输、调节和保护。血液比水更浓，它含有细胞和液体成分。

（2）心脏　位于左右肺之间的纵隔内，呈倒立的圆锥形结构（图2–12）。

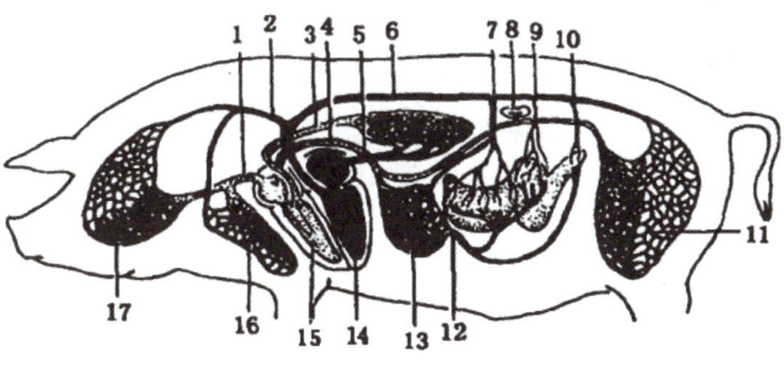

图2–11　猪血液循环模式图

1—前腔静脉　2—臂头动脉总干　3—肺动脉　4—后腔静脉
5—肺静脉　6—胸主动脉　7—腹腔动脉　8—肾动脉
9—肠系膜前动脉　10—肠系膜后动脉　11—后肢毛细血管
12—门静脉　13—肝毛细血管　14—左心室　15—右心室
16—前肢毛细血管　17—头部毛细血管

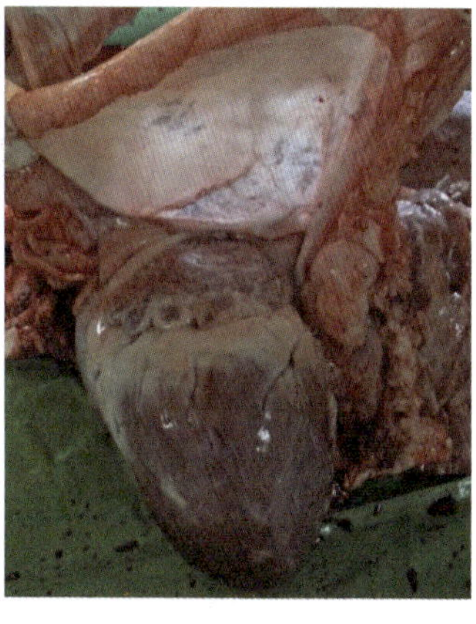

图2–12　猪的心包与心脏

心脏分左、右心室和左、右心房四个室，心脏的左、右房室口有二尖瓣和三尖瓣。

心脏由心外膜、心肌和心内膜三层组成。心外膜是最外层，是心包的脏层。它由一层薄而透明的间皮层和结缔组织组成。中层是心肌，构成了心脏的大部分。最内层的心内膜是一层薄的结缔组织，为心腔和瓣膜提供了光滑的衬里。心内膜与附着在心脏上的大血管的内皮是连续的。

第六节　呼吸系统

呼吸系统的主要功能是吸入氧气和排除体内的二氧化碳。呼吸系统由鼻、咽、喉、气管、支气管和肺泡组成。从结构上讲，呼吸系统可分为上呼吸道系统（包括鼻子、咽部及其相关结构）和下呼吸道系统（包括喉部、气管、支气管和肺）。

猪的呼吸系统有如下特点：

（1）鼻子前端吻镜表面有腺体和丰富的触觉感受器。

（2）喉较长，声门裂较窄。

（3）猪肺分叶明显，右肺分为尖叶、心叶、膈叶和副叶。左肺分为尖叶、心叶和膈叶，尖叶又以心切迹分为前部和后部（图2–13）。

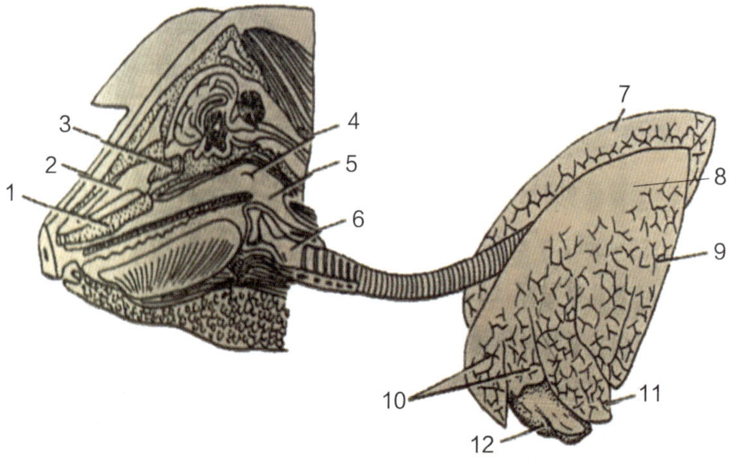

图2–13　猪呼吸系统解剖图

1—下鼻甲　2—上鼻甲　3—筛鼻甲　4—咽鼓管咽口　5—咽　6—喉腔　7—右肺　8—左肺　9—后叶　10—前叶前部　11—前叶后部　12—心脏

第七节　消化系统

消化系统包括消化管和消化腺两部分。消化管包括口腔、咽、食管、胃、小肠、大肠和肛门（图2–14）。消化腺包括唾液腺、肝、胰腺、胃腺和肠腺，其中胃腺和肠腺位于胃壁和肠壁内，称为壁内腺，而唾液腺和肝、胰则在消化管外形成独立的器官，称壁外腺。

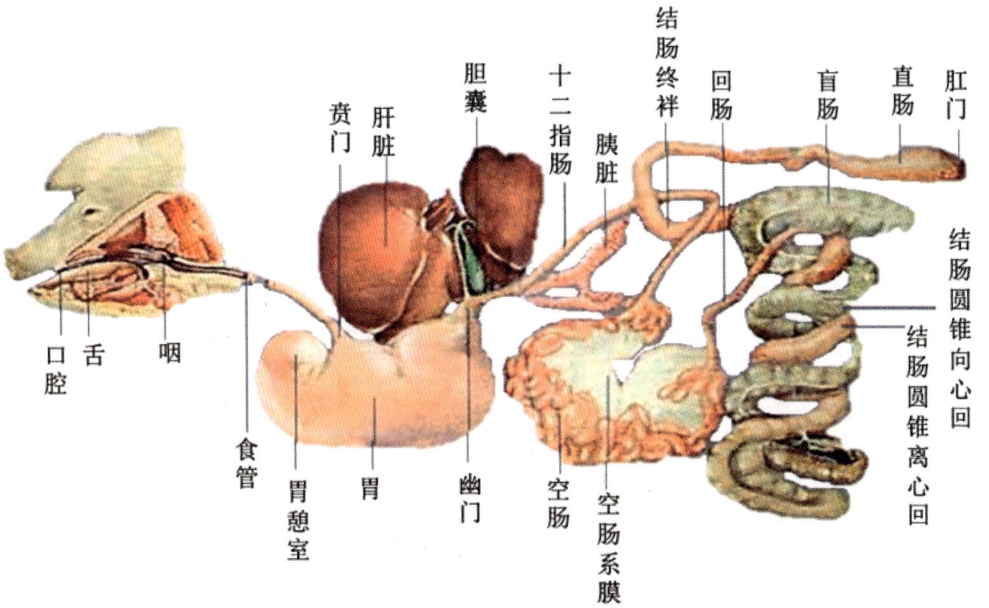

图2–14　猪的消化系统解剖图

1. 口腔和咽

猪的口腔较长，上唇厚，与鼻端一起形成吻突，有拱土觅食的作用。口腔是消化道的起始部，主要功能是摄取食物并进行咀嚼、吞咽和初步的消化（图2–15）。

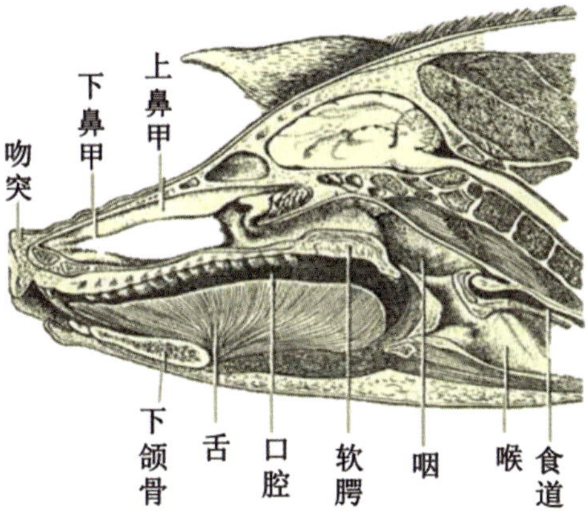

图2–15　猪的口腔和咽解剖图

2. 食管

食管连接于咽和胃之间，可分为三段。

（1）颈段　开始位于喉与气管的背侧，至颈中部渐渐偏至气管的左侧，经胸前口进入胸腔。

（2）胸段　位于纵隔内，转至气管的背侧继续向后伸延，穿过膈的食管裂孔进入腹腔。

（3）腹段　很短，与胃的贲门相接。

3. 胃

（1）胃的结构　猪胃位于腹腔左季肋部和剑状软骨部，呈扁平而弯曲的囊状，容积约5～8L，其凸缘称胃大弯；凹缘称胃小弯。胃的左端大而圆，右端幽门部小而急转向上，与十二指肠相接（图2–16）。

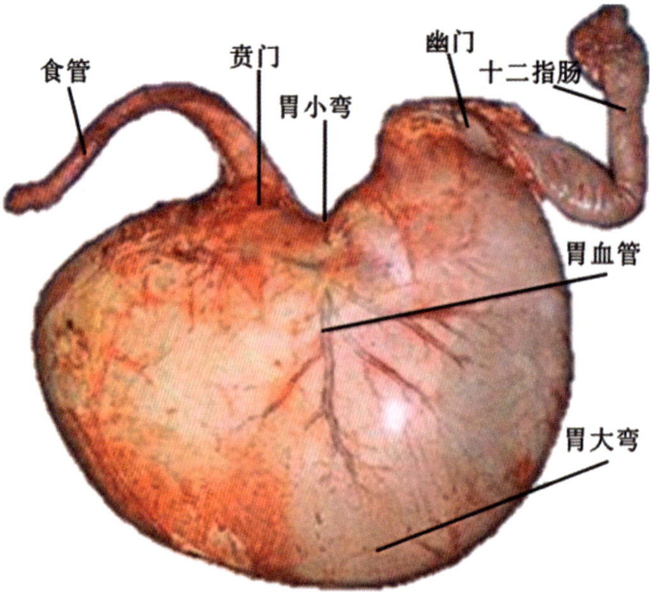

图2–16　猪胃

（2）胃的功能

①储存食物：食物吃进后，暂时存储在胃里面，慢慢进行消化。

②机械性消化：胃的边上有很厚一层肌肉，不停地蠕动，将食物磨成小颗粒，与消化液混合均匀，使得食物容易消化吸收。

③化学性消化：胃的胃底腺和贲门腺等有分泌消化酶，在胃里面就能促进消化。

④排空：把胃里混合均匀的成分慢慢地定量的排到小肠里面，有利于小肠的消化。

4. 肠

（1）肠的结构（图2–17）

①小肠：猪小肠全长15～21m，前接胃的幽门，后通盲肠，分十二指肠、空肠、回肠三段。

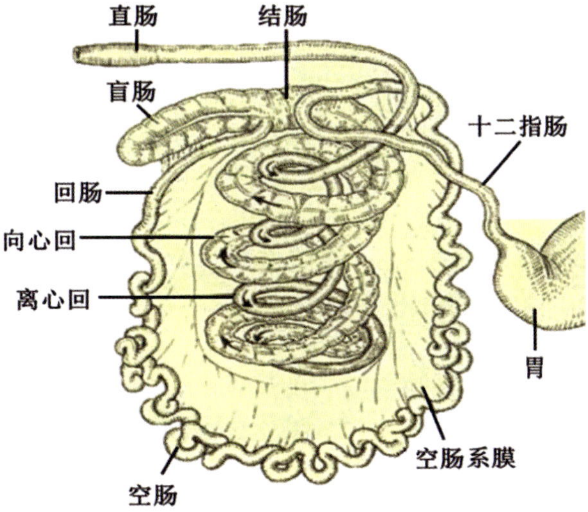

图2-17　猪肠解剖模式图

②大肠：分盲肠、结肠和直肠，长4～4.5m，直径比小肠粗。

（2）肠道的功能　小肠是消化食物和吸收养料的主要场所；大肠是废物排出体外的通道。

5. 肝脏

（1）肝脏的结构（图2-18）　猪的肝发达，呈淡红色，大部分位于右季肋部，紧贴于膈的后面。

肝的背侧缘厚，右侧有一后腔静脉从此通过，静脉壁与肝组织连在一起。

肝的腹侧缘较薄，可由胆囊和左侧的脐切迹分为左、中、右三叶。中叶又可被肝门分为背侧的尾叶和腹侧的方叶。

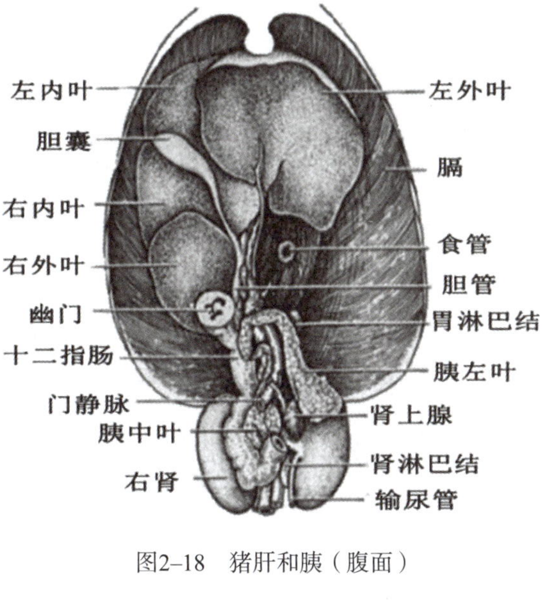

图2-18　猪肝和胰（腹面）

肝的表面覆有浆膜，并形成一些韧带（左、右冠状韧带，左、右三角韧带和镰状韧带）将肝固定于腹腔内。肝组织由肝小叶构成，肝小叶主要由干细胞形成的干细胞索和肝板，以及结缔组织构成，中央静脉位于肝小叶内。

（2）肝脏的功能　肝脏具有分泌、排泄和生物转化等重要功能。

①肝脏的代谢功能：肝脏参与糖、脂类、蛋白质、维生素等各种营养物质的代谢过程。

②肝脏的分泌功能：可分泌胆汁，帮助消化吸收脂肪。

③肝的解毒功能：肝脏是主要的解毒器官，能将毒物降解为无毒的或溶解度大的物质，随胆汁或尿排出体外。

④肝的防御机能：肝静脉窦内皮层含有大量的肝巨噬细胞，有很强的吞噬能力，门静脉血中99%的细菌经过肝静脉窦时被吞噬。

6. 胰脏

（1）胰脏的结构　猪胰脏位于十二指肠的“乙”状弯曲内，灰黄色，近似三角形。

（2）胰脏的功能　胰脏的主要功能是分泌胰液（包含胰蛋白酶等多种消化酶）。另外胰腺中胰岛细胞分泌的胰岛素，是控制血糖的激素。

第八节　泌尿系统

1. 泌尿系统的构造特点

泌尿系统由肾、膀胱、输尿管和尿道组成。猪肾约重200～250g，位于第1～4腰椎横突腹侧的脂肪囊中，肾脏模式图见图2–19。

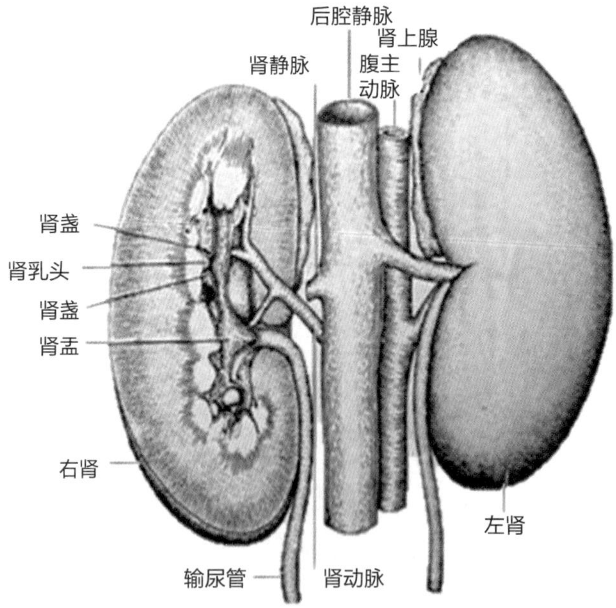

图2–19　肾脏模式图

2. 猪的泌尿生理特点

成年猪每天排尿2～6L，尿的颜色较淡；新鲜尿液接近中性。

3. 泌尿系统生理功能

泌尿系统具有生成和排泄尿液、调节水、电解质和酸碱平衡、内分泌等功能。

第九节　内分泌系统

内分泌系统是机体的重要调节系统，它与神经系统共同调节机体的生长发育和各种代谢，维持内环境的稳定，并影响行为和控制生殖等。

GB/T 17996—1999《生猪屠宰产品品质检验规程》中明确要求在生猪屠宰过程中必须摘除有害腺体，这对人民群众食肉安全具有重要的意义。有害腺体指的是甲状腺、肾上腺和病变淋巴结（俗称三腺）。由于人误食甲状腺后，过量的甲状腺素会造成过敏中毒，导致死亡；如果误食肾上腺，血液中的激素含量骤然升高，会引起头晕、眼花、恶心、呕吐、腹痛、腹泻、手足麻木及心慌气短等，严重者可出现颜面苍白、瞳孔散大等反应，约半小时后出现中毒症状，应迅速救治。所以生猪屠宰过程中必须安排专人摘除甲状腺、肾上腺，保证100%摘除。

甲状腺位于喉头后方气管下面，呈棕红色，如大枣状。肾上腺位于肾的内前方，分为外部的皮质和深部的髓质（图2–20）。

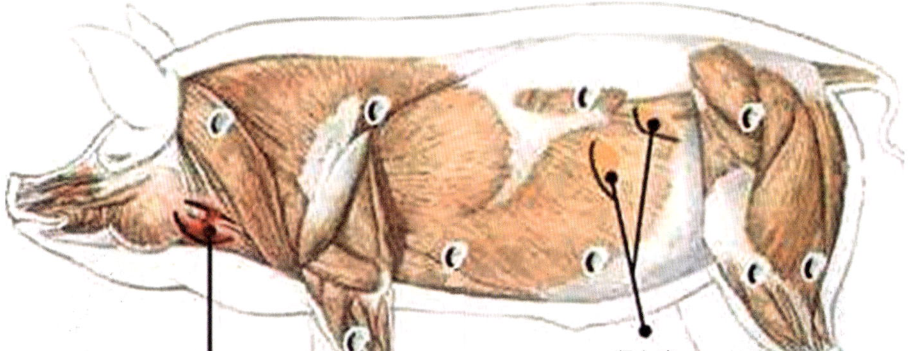

图2–20　猪体甲状腺和肾上腺部位示意图

第十节　淋巴系统

淋巴系统是机体的重要防御系统，其由淋巴液、淋巴管、淋巴结组成。淋巴系统是机体的防御病菌侵害的主要防线，对入侵的各种异物有过滤和阻滞、免疫作用。猪的体表浅层淋巴结见图2–21。

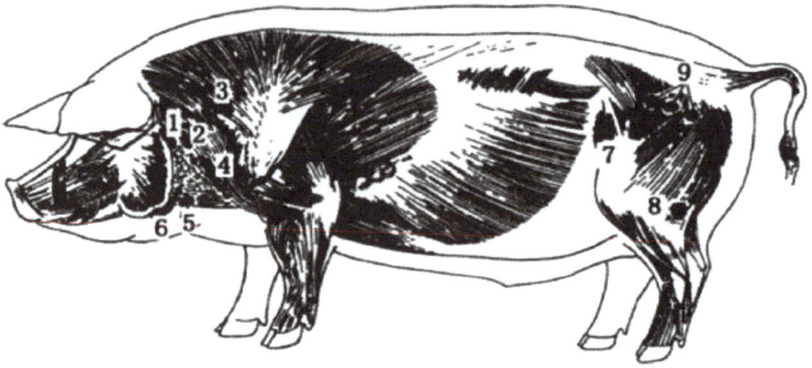

图2-21　猪体表浅层淋巴结

1—腮淋巴结　2—咽后淋巴结　3—颈浅背侧（肩前）淋巴结　4—颈浅腹侧淋巴结　5—下颌副淋巴结　6—下颌淋巴结　7—膝上（股前）淋巴结　8—腘淋巴结　9—荐外侧淋巴结

宰后检验淋巴结可较准确、迅速地反映屠畜的生理、病理状况。检验人员要熟悉动物淋巴结的分布情况，掌握淋巴结在发生各种疾病，特别是传染病时主要的特征性变化。

必检淋巴结的检疫检验是生猪屠宰前检验的继续和补充，是确保屠宰生猪达到国家规定的肉品卫生标准的必要手段，是保障消费者健康的主要措施之一。

1. 同步检疫涉及的淋巴结

（1）下颌淋巴结　如图2-21所示，下颌淋巴结位于下颌间隙，左右下颌角下缘内侧，颌下腺的前方；在倒挂的胴体，则位于颌下腺的下方。检验人员左手持检验钩钩住放血口左侧中部，向左拉开切口，右手持刀，从放血口向深部下方纵切，直至喉头软骨和下颌前端；然后在左右下颌角内侧向下各作一平行切口，从切口的深部即可找到下颌淋巴结。

（2）颈浅背侧淋巴结　如图2-22所示，位于肩关节的前上方，肩胛骨横突肌和斜方肌

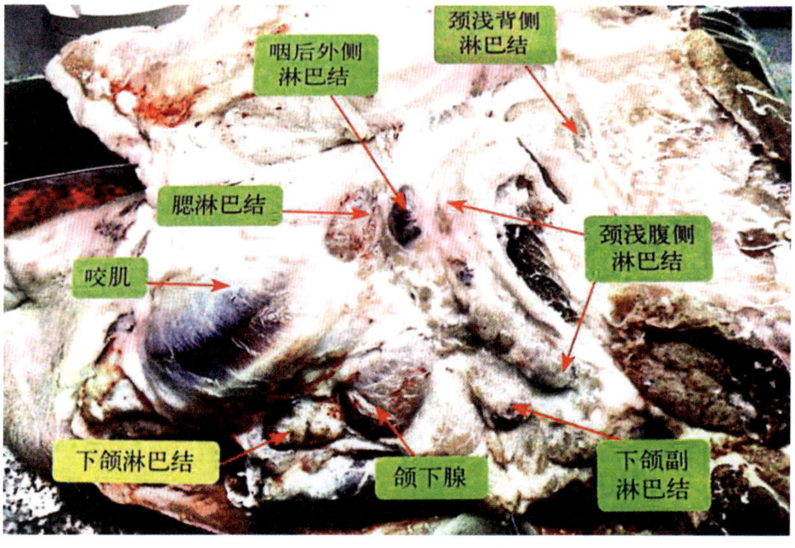

图2-22　猪头颈部淋巴结

的下面。胴体悬挂，可沿颈基部设一水平线，选其中点向背脊移2指处，以刀尖刺入并垂直向下切开颈部组织，在切口上端深部即可见到颈浅背侧淋巴结。

（3）腹股沟浅淋巴结（母体上又被称为乳房淋巴结）　胴体侧挂，位于最后一乳头的偏上方1～3cm皮下脂肪层中部，检验人员用钩钩挂最后乳头稍上方皮下组织向外侧拉开，在脂肪组织层正中切开，即可见到该淋巴结，如图2–23所示。

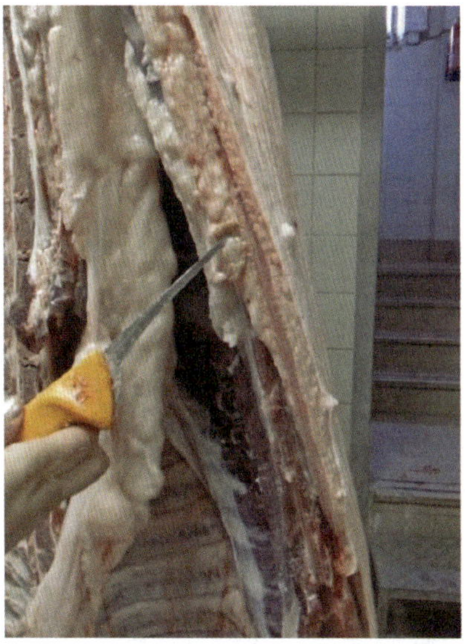

图2–23　腹股沟浅淋巴结（刀指部分）

（4）髂内淋巴结和腹股沟深淋巴结　位于旋髂深动脉起始部前方，额外动脉处附近。胴体悬挂检验时，在最后腰椎下缘平位处划一平行线，再以倒数第一、第二腰椎之间为起点作一直线，两线以45°角相交，在夹角处沿直线切开脂肪层，髂外动脉，在腹主动脉与旋髂深动脉的夹角中，即可见到髂内淋巴结；沿髂外动脉路径或在髂外动脉的夹角中可见到腹股沟深淋巴结。

（5）髂下淋巴结　位于膝前皱褶内，髂结节上膝关节之间的股阔筋膜张肌前缘中部偏上的皮下。在最后乳头处用钩钩住整个腹壁组织向左上方牵引，暴露腹腔，在腹腔后部见到耻骨断面和腹部膘层围绕肌薄肌及股内侧肌群，形成红色的半椭圆形肌肉区，在肌薄肌断面的腹侧下缘向肾上缘做滑切，肌阔筋膜张肌前缘。可见到髂下淋巴结。

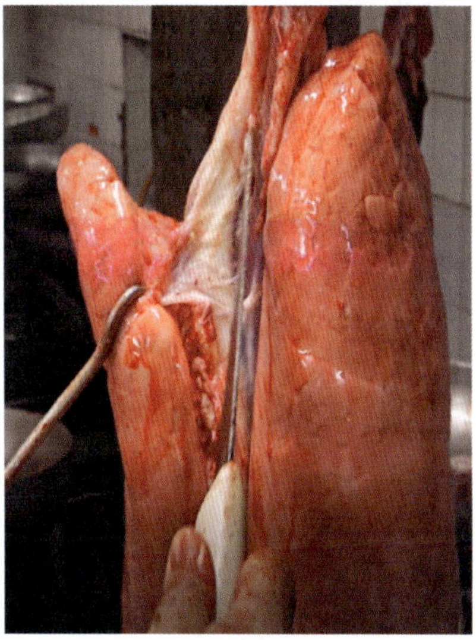

图2–24　支气管淋巴结

（6）腘淋巴结　腘淋巴结有深、浅两组，主要检验对象为腘浅淋巴结，位于股二头肌与半腱肌之间三角形凹陷处，跟腱后的皮下组织内。检验人员面对胴体的后肢跟结节，在跟腱下面的小窝（股二头肌与半腱肌末端之间的间隙）作一切口，约3.5cm，从正中向外侧旁切至小窝边缘处，用刀垂直刺皮下，可见该淋巴结。也可在跟结节下小窝的下缘设一水平线，将其分成三等份，在外1/3处用刀尖垂直点刺，作一个3.5cm的切面，即可暴露腘淋巴结。

（7）颈深后淋巴结　位于胸膛入口处第一肋骨的紧前缘，接近胸骨，被斜方肌覆盖，切开组织即可见该淋巴结。

（8）支气管淋巴结　猪肺的淋巴结都围绕在肺门附近，称为支气管淋巴结。共有尖叶支气管淋巴结、右支气管淋巴结、左支气管淋巴结、支气管背侧淋巴结四群，如图2–24，图2–25所示。

（9）肠系膜淋巴结　肠系膜淋巴结位于腹腔内的肠系膜上，如图2–26和图2–27所示。

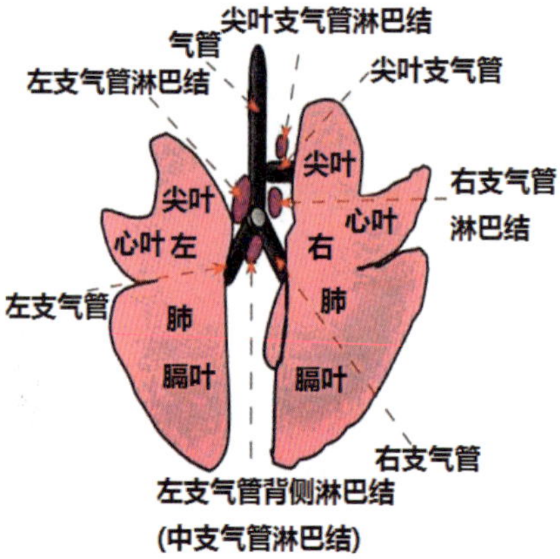

图2–25　猪支气管淋巴结示意图

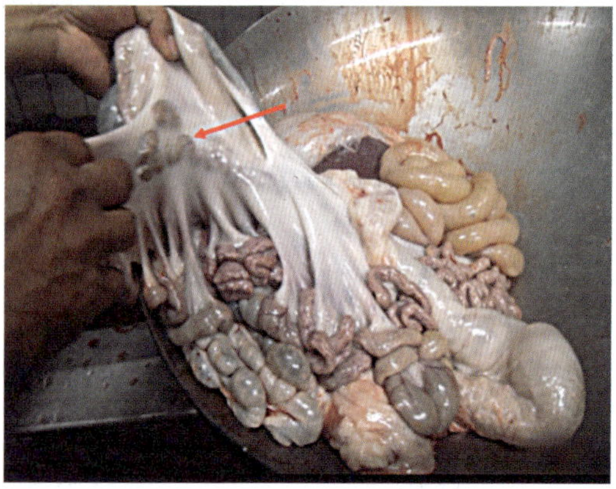

图2–26　肠系膜淋巴结

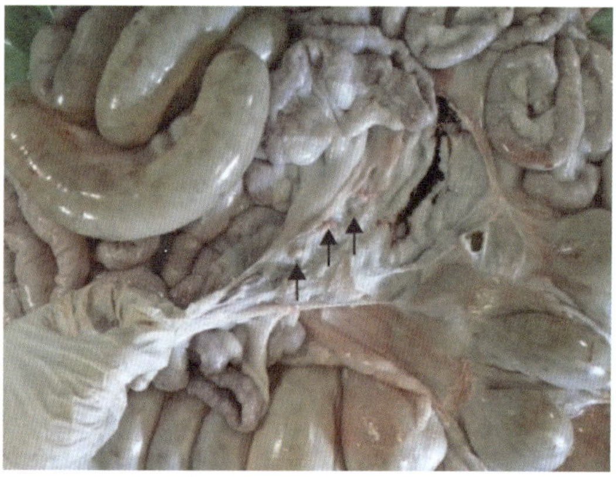

图2–27　猪肠系膜周围空肠淋巴结

2. 淋巴结检验在生猪屠宰检疫中的意义

（1）淋巴结检验是宰后肉品卫生检验的重要组成部分，是肉品质量判定的重要依据。

（2）必检淋巴结位于浅表便于剖检，便于发现疾病，有效保证肉品卫生质量。

（3）淋巴结的检验，可避免组织切面过多，不会因检疫操作导致肉品的二次污染。

（4）必检淋巴结检验技术简单且操作简便，易掌握，可为进一步开展相关检查，提供准确定性依据参考，有利于节约人力物力，从而提高检疫质量。

第十一节　屠宰后肉的变化

畜禽被屠宰以后，肉尸在组织酶和外界微生物的作用下，会发生僵硬、成熟、自溶、腐败等一系列变化。

1. 肉的僵直

肉的僵直指宰后胴体内肌球蛋白和肌动蛋白结合，骨骼肌发生不可逆性收缩，逐渐变硬而僵直，又称尸僵。

畜禽生前肌肉pH为7.1～7.2；屠宰后的畜禽肉尸随着血液和氧气的供应停止，正常代谢中断，肉内糖原发生无氧酵解。糖原无氧分解产生乳酸，致使肉的pH下降，宰后1h热鲜肉pH降至6.2～6.3；经24h后，肉中糖原量可减少0.42%，pH可从7.2降至5.6～6.0，此pH在肉品工业中称作“排酸值”；随后三磷酸腺苷迅速分解形成磷酸，因而pH可以继续下降至5.4；一般肉类在pH 5.4～6.7时，即出现僵硬。

僵直的pH在5.4～6.7。一般肌肉僵直开始于屠宰后8～12h，经20h后逐渐终止，接着又开始软化。

2. 肉的成熟

肉在供食用之前，原则上都需要经过成熟过程来改进其品质，特别是牛肉、羊肉。成熟过程对提高风味是完全必要的。肉尸放置2～4昼夜后，继僵硬之后，肌肉开始变为酸性反应，组织比较柔软嫩化，具有弹性，切面富有水分，具有愉悦的香气和滋味，易于煮烂和咀嚼，实用性质改善的肉称为成熟肉。此变化过程称为肉的成熟。

成熟肉的表面形成一层“干燥薄膜”，可以防止其下层的肉质干燥，减少干耗，又可以防止微生物的侵入。成熟肉不但增加了食品价值和营养（易于消化吸收），同时积聚有大量乳酸，可抑制或杀死某些病毒（如口蹄疫病毒）。

3. 肉的自溶

成熟后的肉继续在环境温度下存放，在自溶酶的作用下发生蛋白质分解过程，称为肉的自溶。自溶主要是肉的组织蛋白酶类催化作用引起蛋白分解的结果。肉在自溶过程中大量的蛋白质分解产生多种氨基酸，同时，释放硫化氢（H_2S）与血红蛋白（Hb）结合，形成硫血红蛋白（H_2S–Hb）时，能使肌肉和肥膘出现不同程度的暗绿色斑。自溶时除发生色暗外，还呈现肌肉松弛，缺乏弹性，无光泽，具有酸味，呈强酸性反应，H_2S反应阳性。

4. 肉的腐败

肉的腐败是由致腐微生物引起的，并形成有毒和不良气味等多种分解产物的化学变化过程，同时伴有脂肪和糖的分解。

肉在成熟和自溶过程中的分解产物，为腐败微生物的生长、繁殖提供了良好的营养物质，一旦温度和湿度适宜时，微生物大量繁殖而导致更加旺盛和复杂的分解过程。蛋白质被分解生成吲哚、甲基吲哚、酚、腐胺、尸胺、组胺、色胺等及各种含氮的酸和脂肪酸类，最后生成硫化氢、甲烷、硫醇、氨及二氧化碳等。

由于腐败，肉中蛋白质和脂肪发生一系列变化，如肉的颜色暗淡，呈灰绿色或污灰色甚至黑色，表面腻滑发黏，肉质软糜或变脆弱。失去鲜肉的正常气味，发臭。

第三章　畜禽病理学基础知识、生猪组织器官病变、肿瘤的检验及处理

畜禽经宰后检验，我们可以根据病变来判断所发生的疾病，尤其是人畜共患病，均作销毁处理，而对一般性的病理变化，可根据病变的严重程度作相应的处理，这一章旨在讲解畜禽病理学基础知识与生猪组织器官病变及肿瘤的检验和处理。

第一节　畜禽病理基础知识

一、家畜病理研究方法

研究家畜病理的方法很多：尸体剖检法、实验动物法、临床病理研究、活体组织解剖、组织培养和细胞培养。目前实际应用最多的是尸体剖检，尸体剖检是研究病例最基本的研究方法，它运用病理学的有关技术知识检查死亡畜体的各种变化，可以明确对疾病的诊断，查明死亡原因，有助于及时总结经验。尸体剖检也可以对一些群发性的疾病，如传染病、地方病寄生虫病等做出及时诊断。目前尸体剖检的研究手段主要有：大体观察、组织学观察、细胞学观察、组织化学和细胞化学观察、超微结构观察等。

（1）肉眼直接观察　皮肤、蹄、吻部和其他天然开孔，以皮肤为主要器官。比如猪水泡病，四肢和蹄部皮肤具有糜烂性和溃疡性病灶。

（2）组织学观察　采取病变组织，将病变组织制成病理组织切片，经染色后用显微镜观察组织和细胞的病理变化。

（3）细胞学观察　将病变组织部位脱落的细胞，制成细胞涂片，经染色后用显微镜观察组织和细胞的病理变化。

（4）组织化学和细胞化学观察　将病变组织制成病理组织切片后，使用化学试剂使与细胞中的某些成分进行反应，生成有颜色的物质进行观察。

（5）超微结构观察　采取病变组织制成超薄切片，通过电子显微镜进行观察；近来的核酸检测技术越来越成熟，可以检测到病毒病原体。

二、家畜病理过程出现的各种现象

（1）应激反应　猪只在炎热天气下，或在受到驱赶等外界因素下发生的反应，常表现为猪应激综合征，体温升高、呼吸困难、肌肉震颤、严重的酸中毒、甚至致死；造成背肌和腿肌坏死、PSE（白肌肉）和DFD肉（黑干肉）（图3–1）。严重的会引起猪应激性心肌损伤，表现为急性心肌炎，心肌断裂坏死，肌节出现“收缩带”；或者急性胃黏膜病变和应激性溃疡表现为胃黏膜缺血屏障功能破坏，出现胃黏膜出血、水肿、糜烂和溃疡等现象。

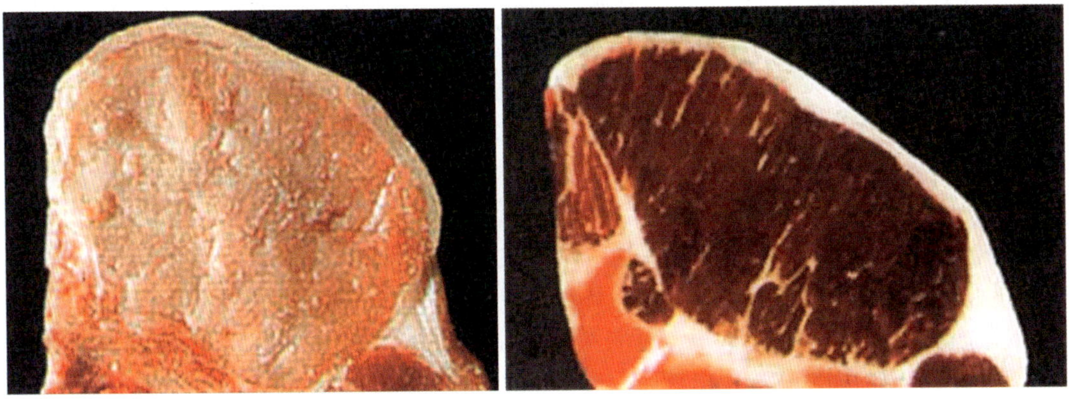

（1）　（2）

图3–1　PSE肉和DFD肉

（1）PSE肉　（2）DFD肉

（2）发热　恒温动物在各种内外致热源（凡能引起机体发热的物质）的作用下，体温调节中枢调定点上移，从而导致体温上升，并伴有机体各器官系统机能和代谢发生改变的全身性反应的病理过程。发热是动物疾病尤其是传染病常见的临床症状之一，它不是一种独立的疾病，而是在许多疾病中常见的一种病理现象。

（3）缺氧　组织（细胞）氧的供应不足或对氧的利用出现障碍，缺氧较严重，常引起窒息、发绀。窒息，指体内氧的含量不足并同时出现二氧化碳的增多，一般是由于外呼吸功能障碍造成的；发绀，血液中脱氧血红蛋白增多（＞5%）时，动物皮肤、黏膜呈青紫色（图3–2）。

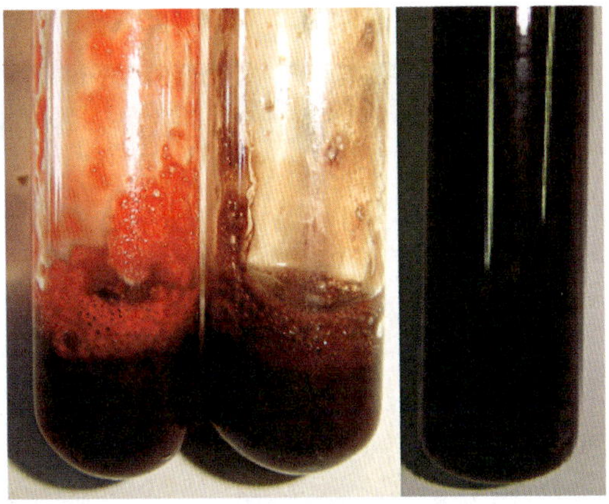

（1）　（2）　（3）

图3–2　亚硝酸盐中毒缺氧血液

（1）轻度缺氧　（2）中度缺氧　（3）重度缺氧

（4）水肿　指过多的液体在组织间隙或体腔中积聚。常见水肿类型有淤血性水肿、肾性水肿、炎性水肿、营养不良性水肿等。

（5）休克　以微循环血液灌流量急剧降低为特征，引起机体主要脏器供血不足和细胞代谢障碍的一种全身性病理过程。常见临床表现为血压下降，体表血管收缩，黏膜苍白，皮肤温度下降，尿液量下降，反应迟钝、衰弱，直至昏迷死亡。偶尔也见休克肺，休克时因急性呼吸衰竭死亡动物的肺。其形态特点是：肺充血水肿而重量增加，呈褐红色，血栓形成和肺不张，可有肺出血甚至胸膜出血，肺泡内有透明膜形成等。

（6）黄疸　由于胆色素代谢障碍，血清胆红素浓度增高，而使皮肤、黏膜、巩膜等黄染的病理过程。分为溶血性、肝细胞性、阻塞性三型或肝前性、肝性和肝后性三型。肝前性黄疸：胆红素形成过多；肝细胞性黄疸：肝细胞处理胆红素能力低；肝后性黄疸：出现肝外胆汁排泄障碍。

（7）局部血液循环障碍　包括充血、淤血、出血、呛血，严重的形成血栓、栓塞、梗死。

①充血：机体局部组织器官的小动脉（小静脉）和毛细血管发生扩张，血流量增多，简称充血。按发生机理可分为动脉性充血和静脉性充血（淤血）（图3–3）。

原因：充血是动脉静脉内的血液比正常量增加红细胞（血液）流出心脏或血管以外出血。

②出血：指血管的完整性遭到损害，或凝血系统受损（图3–4）。

③呛血：因放血时，割断了器官，导致血液进入肺泡。

④血栓：在活体的心血管内，血液发生凝固或某些有形成分互相黏集，形成固体质块的过程。所形成的固体物称作血栓。

白色血栓：指血小板血栓。因其含有相当数量的白细胞，外观灰白色，质地较坚实，故得名。其位于心脏和动脉内及静脉血栓的头部。

混合血栓：白色血栓在一定条件下继续发展，在纤维蛋白网眼中网罗大量的红、白细胞造成血凝，形成红白相间的血栓，称为混合血栓。它是血栓头部的延续，构成体部，质地较坚、无光泽、干燥，主要见于静脉。

红色血栓：随着血栓体积增大，下游血流缓慢，血液凝固延续所形成的血栓，构成血栓尾部。初暗红色，质地与血凝块无异，后干脆并易脱落。

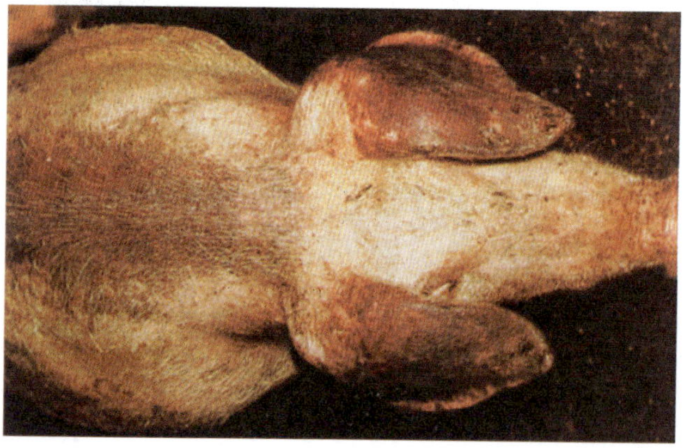

图3–3　猪瘟耳背部严重淤血

图3–4　出血（猪瘟：繁殖障碍型母猪所产仔的肾的小点状出血）

⑤栓塞：指循环血液中不溶于血液的异常物质，随着血液流动，堵塞血管管腔的过程。引起栓塞的物质，称为栓子。

⑥梗死：因血液供应中断而引起的局部组织坏死，其过程称为梗死。

贫血性（白色）梗死：组织结构较致密、侧支循环不充分的器官，如肾、心，某些动脉分支闭塞时，其分支及邻近动脉反射性痉挛，将坏死区的血液挤向周围组织，坏死灶内少量红细胞崩解，使梗死区呈白色，故得名。

出血性（红色）梗死：组织较疏松的器官，如肠、肺，梗死时往往伴有严重淤血。因其组织疏松，肿胀压力不能将坏死灶内的血液挤出。肺有双重血供，一支动脉阻塞后，另一支不能克服静脉淤血的阻力，于是血液停滞留于灶内，血管壁由于缺氧而通透性增高，于是发生梗死和出血。梗死灶呈暗红色，故得名。

（8）萎缩　由于物质代谢障碍而导致组织器官体积缩小，机能减低的过程称萎缩。

恶病质：指动物由于长期营养不良或患慢性消耗性疾病，以致进行性的全身极度消瘦和内脏萎缩。

（9）变性　是致病因素作用于机体，引起组织细胞物质代谢障碍的病理过程。脂变、玻璃样变、淀粉样变、纤维素样变、黏液样变性。

坏死：活体内局部组织或细胞的死亡称作坏死（图3–5）。

图3–5　肾脏组织变性坏死

（10）炎症　是各种致病因子对机体的损害作用所诱发的以防御为主的局部与全身反应。局部反应主要表现为：变质、渗出和增生。炎症的局部变化和全身机能发生相互影响，因此炎症实质上是机体全身反应的局部表现。炎症的主要表现是红、肿、热、痛和机能障碍。

（11）肿瘤　在各种致病因素的作用下，身体局部组织细胞发生基因结构改变或基因表达机理失常，并逃脱机体的免疫排斥而失去正常控制，导致异常增生所形成的新生物，其外观上常表现为肿块，称作肿瘤。肿瘤分为良性肿瘤和恶性肿瘤，良性肿瘤对机体造成的影响较小，恶性肿瘤常引起机体严重疾病。恶性肿瘤的特点是：与正常组织有一定程度的相似性，但不全相同；生长相对无限制，并能转移与扩散；肿瘤细胞缺乏正常的形态结构和物质代谢；肿瘤组织无正常生理功能且对机体有害。这些与炎性增生有本质的不同。

第二节　生猪屠宰常见的组织病变的检验与处理

一、出血性病变

1. 分类

（1）机械性出血　主要是为机械力作用所致，多发生于肌间、皮下、肾腔、体腔的局限性出血，一般表现为破裂性出血。多数是在屠畜被驱打、撞击外伤、吊挂时发生。

（2）电麻性出血　主要是电麻不当引起的，这种出血多见于肺，在实质器官和骨骼肌的个别部分，也有多量的、新鲜的、放射状出血点。

（3）窒息性出血　为缺氧所致，在颈部皮下胸腺和支气管黏膜，表现为静脉怒张，血液成黑红色，有数量不等的瘀斑。

（4）病原性出血　为传染病和中毒所致，多发生在皮肤、浆膜、黏膜和淋巴结，表现为渗出性出血，由于发病原因和部位的不同，常表现为点状出血、斑状出血、出血性浸润。点状出血主要见于浆膜、黏膜和肝肾等器官的表面，成粟粒或米粒大小。斑状出血，主要形成绿豆大或黄豆大或更大的密集血斑。出血性浸润，血液弥漫浸透于组织间隙，使出血的局部成大片暗红色。病原性出血与其他的出血很容易区分，因为伴随着出血，往往还有其他的病理变化，比如组织和器官的炎症肿大等。

2. 卫生处理

首先分清是否由病原性引起的，若不是，则从轻处理，只要把出现病变的部位割去，包括病变的淋巴结，胴体可无限制出厂。若是，就要结合疾病的性质进行处理，该销毁的要销毁。

二、组织水肿

1. 概念

组织水肿是指组织内液体含量增加。在屠体上发现水肿时，首先要看是否是炭疽病引起的，若是，要全部销毁。然后再看水肿的性质，是炎症的，还是非炎性的。皮肤的水肿常常可见到皮肤变厚、肿胀，成面团样硬度，指压时常留下压痕；黏膜水肿，可见黏膜成局限性和弥漫性肿胀；器官水肿多见于肺脏，可见体积增大，因淤血而成暗红色。

2. 卫生处理

首先分清是哪儿的水肿，若是创伤性水肿，则从轻处理，只要把出现病变的部位销毁即可，若是皮下、肾脂肪囊、肠系膜水肿，要做细菌学检查，阴性，则切除病变部分，阳性，要经高温处理出场，同时伴有淋巴结肿大、水肿、放血不良、肌肉松软等，整个胴体要销毁或化制。若是后肢和腹部发生水肿时，应仔细检查心、肝肾等器官，若有病变，要考虑是否是沙门菌病。若不是，胴体迅速发出利用，若是，要经高温处理出场。

三、蜂窝织炎

1. 概念

蜂窝织炎是在皮下、肌间等疏松结缔组织发生的一种弥漫性的化脓性炎症。检验时可根据淋巴结、心肝肾等器官的充血、出血和变性变化等进行判断。

2. 卫生处理

如果病变已经全身化，需要整个进行化制；若全身肌肉正常，要做细菌学检查，阴性，则切除病变部分，阳性，要经高温处理出场。

四、脓肿

1. 概念

当组织或器官发现脓肿时，应考虑是否为脓毒败血症，若没有包囊而周围炎性反应明显的新脓肿，且是转移性的，则肯定是脓毒败血症，脾肾的脓肿，多是这种情况。肝脓肿的起源则多种多样，可见于一般的脓毒学症、肠道微生物的侵入，各种蠕虫的死亡等，多见于牛。

2. 卫生处理

脓肿形成包囊的，将脓肿区切除，被脓液污染的，要割除掉被污染的胴体，其余部位无限制发放；脓肿不可能切除或为数较多的，或者有不良气味的，整个器官化制。

五、败血症

1. 概念

败血症常表现为实质器官的变性、坏死及炎症变化，皮肤、黏膜及脏器的充血、出血、水肿。脾脏及全身的淋巴结出现充血、炎症细胞浸润或网状内皮细胞增生，从而导致体积增大，当化脓菌侵入血液，进行生长繁殖，并引起组织或器官的脓肿时，就形成了脓毒败血症。

2. 卫生处理

由传染病引起的，按照传染病的性质处理；非传染病引起的，若病变轻微，肌肉无变化的，要经高温处理出场；病变严重的作化制或销毁处理。

六、脂肪组织坏死

1. 分类

按照病因脂肪组织坏死可以分为三种类型。

（1）胰性脂肪坏死　常见于猪，是由于胰腺发炎，导管堵塞或受到机械性损伤，胰脂肪酶游离出来，分解了胰腺间质内及其附近肠系膜脂肪组织，从而使正常的脂肪组织外观无光泽，有时质地坚硬，失去正常的弹性和油腻感，多发生于胰腺间质及其附近的肠系膜脂肪组织，有时可波及网膜和肾周围的脂肪。

病灶外观呈小而致密的、无光泽的、浊白色颗粒状，有时呈不规则的油灰状，质地变硬，失去正常的弹性和油腻感。

（2）营养性脂肪坏死　最常见于牛和羊，它的发生一般与慢性的消耗性疾病有关系，比如结核病等。病变可发生于全身各部位的脂肪，但以肠系膜网膜和肾周围的脂肪最常见。病变脂肪黯淡无光，显著发硬。

（3）外伤性脂肪坏死　多见于猪的背部脂肪，是由于皮下组织受伤后放出脂肪酶将局部脂肪分解的结果，坏死脂肪坚实无光，呈现白恶质样团块。

2. 卫生处理

脂肪坏死轻微，不受限制发放；变化明显的，将病变的部位化制，胴体无限制出场。

七、皮肤病变

1. 常见症状

（1）外伤性出血　皮肤表面常出现不规则的粗条或细条状出血带，这种出血，多由于宰前粗暴鞭打，棒击所致。

（2）电麻所致出血　在皮肤上表现为新鲜不规则的点状或斑状出血，有时呈放射状，明显与患病的出血点不同。

（3）梅花斑　一种中央暗红色、周围有红晕的斑块，主要见于猪臀部皮肤。

（4）弥漫性红染　屠宰致昏时，心脏没有停止跳动，即进行泡烫，常有皮肤大面积发红的现象。

（5）荨麻疹　发病初期于胸下部和胸部两侧出现扁豆大小的淡红色疹块，有的遍布全身。随后疹块扩大且突出于表面，中心苍白，周边发红，呈圆形或不规则形。

（6）皮肤脱屑症　皮肤粗糙，颇似洒上了一层麸皮，主要是营养缺乏，螨虫或真菌的侵袭所致。

（7）棘皮症　皮肤表面有无数的小突起，面积较大，有时波及全身，与维生素、含硫氨基酸缺乏有关。

（8）黑痣　黑色小米粒至扁豆大的疣状增生物，是黑色素细胞疣状增殖所致。

（9）癣　多呈圆形，大小不等，病变部位皮肤粗糙，少毛或无毛，由毛癣菌和小孢子菌等寄生引起。

2. 卫生处理

因猪瘟、猪丹毒等传染病引起皮肤出血等皮肤病变的，按照相关规定处理；国家规定疫病以外的病变轻微的，胴体不受限制出场；变化明显的，将病变的部位割除化制，其余部分胴体无限制出场。

八、淋巴结检验意义及常见病变

（一）淋巴结检验意义

当机体某些器官或局部组织受病原微生物侵害时，很快被局部淋巴结阻截，并发生相应的各种反应，淋巴结呈现充血、水肿、出血、坏死、化脓、急性、慢性等不同的病理变化，这些病理变化能反映病原体入侵机体的途径和病害程度。对宰后猪的淋巴结进行正确剖检，观察淋巴结的大小，色泽、韧度和组织变化等情况，可以作为判定猪是否患病的重要依据，检验淋巴结病变可以反映机体的病变情况和分析肉尸可能感染的病原性质、病变范围和程度，可以初步判断病的性质，对诊断动物疾病尤其传染病和评价肉品卫生质量具有重要意义。

因此常见淋巴结的选择：下颌淋巴结、颈浅腹侧淋巴结、纵隔前淋巴结、肾淋巴结、腹股沟淋巴结、肝淋巴结、支气管淋巴结等。

（二）常见淋巴结病变

1. 淋巴结的色泽变化

正常淋巴结呈灰白色、粉红色或红褐色，一般没有血色。

（1）黑色淋巴结　常见于支气管淋巴结炭末沉着症、恶性黑色素肿瘤的淋巴结转移。炭末沉着的淋巴结，呈淡灰色，不肿胀，见于支气管淋巴结和纵隔淋巴结。黑色素沉着的淋巴结呈灰黑色或者黑色，淋巴结略增大，淋巴窦黑色。淋巴结内存在团块或结节状黑色素瘤。

（2）黄色淋巴结　见于老年动物、喂叶黄素较多的饲料或用四环素等药物。淋巴结显黄色是因为局部出血后，死亡的红细胞被淋巴带到淋巴结，造成含铁血黄素沉着。阻塞性黄疸时，肝淋巴结内发生胆色素沉着，也显黄色。

（3）白色淋巴结　常见于肠系膜淋巴结，切面呈乳白色，多由于淋巴结脂肪吸收所致。

（4）红色淋巴结　系因出血或充血所致。但红色的血淋巴结属于正常结构。

2. 淋巴结充血、淤血或出血

淋巴结充血肿大、发硬，外观呈紫红色，切面潮红，指压时血液渗出，常见于炎症初期。有时切面呈弥散樱红色或周边呈樱红色，指压切面流血液，常见于败血型猪丹毒。淋巴结淤血与相关部位的血液循环障碍有关。而淋巴结出血多见于败血症、出血性炎症等。猪链球菌Ⅱ型感染时，下颌淋巴结淤血、出血。炭疽病时，淋巴结严重充血、出血和水肿；猪瘟时，淋巴结出血呈草莓状。电麻不当时，猪的淋巴结出血，但不肿胀，也无炎症反应，出血点鲜红色。淋巴结内充满血液系淋巴结附近的组织创伤出血所致。

3.　淋巴结水肿

淋巴结体积增大，切面色泽苍白且松软，加压流出透明淋巴液。动物长途驱赶后未经休息随即屠宰加工时，全身淋巴结常常水肿，特别是汇集肌肉淋巴液的淋巴结为多见。

4. 淋巴结炎

（1）急性浆液性淋巴结炎的特征是淋巴结肿大，包膜紧张，切面外翻、湿润多汁和潮红。淋巴窦含有多量浆液，见于某些传染病初期、局部急性炎症。浆膜丝虫微丝蚴引起猪腹腔内淋巴结浆液性炎症，表面出现半透明水泡。吸取水泡液镜检可见活动的微丝蚴。

（2）出血性淋巴结炎的特征是淋巴结暗红色或者黑红色，肿胀。切面多汁，出血部暗红色，含铁血黄素沉着部分黄色，互相穿插形成大理石样花纹。见于炭疽、猪瘟、猪丹毒、出血性败血症等。急性猪瘟的“草莓样”淋巴结明显水肿、质软，外周鲜红，呈大理石样花纹。

（3）坏死性淋巴结炎的特征是淋巴结肿胀、出血，切面有灰白色或者灰黄色坏死灶以及暗红色出血灶，常见于猪的弓形体病、猪的副伤寒、坏死杆菌病等。

（4）化脓性淋巴结炎表现为肿大、柔软、有脓液流出，切面褐红色，实质呈粥样，容易刮下，有坏死灶和化脓灶。严重时整个淋巴结形成脓疱，见于化脓性传染病、化脓创感染。

（5）细胞增生性淋巴结炎是机体免疫反应增强的表现。眼观淋巴结肿大、质坚实，刀切有抵抗感觉，切面隆突，呈灰白脑髓样，结构不清，增生淋巴小结呈细颗粒状。

（6）纤维组织增生性淋巴结炎以淋巴结内结缔组织增生和网状纤维胶原化为特征，淋巴结体积缩小，结缔组织明显。

（三）特殊疾病下的淋巴结病变

1. 可发生淋巴结病变的疾病

（1）猪炭疽　猪炭疽主要有咽炭疽和肠炭疽，咽炭疽的淋巴结病变表现为一侧或两侧颌下淋巴结肿大，刀切时有硬脆的感觉，切面无光泽，呈暗红色或砖红色，间有黑色凹陷坏死灶，有时呈灰白色坏死灶。

肠炭疽的淋巴结病变多见于十二指肠和空肠前段的少数淋巴结，偶尔也见于全部肠系膜淋巴结肿大，刀切时有硬脆的感觉，切面干燥呈暗红色，有小坏死灶，有的则不肿大，切面有砖红色出血灶。

（2）猪瘟　全身淋巴结（如：颌下、咽后、颈浅、腹股沟和肠系膜等淋巴结）肿大，外观呈暗红色和黑红色，切面边缘和淋巴窦有出血性浸润，同时还有灰白色小坏死灶，呈“大理石样变化”。

（3）猪丹毒　败血型全身淋巴结充血，急性肿胀，呈玫瑰红或紫红色，切面多汁，往往带有小出血点、疹块型的淋巴结肿胀、多汁、呈灰白色。

（4）猪肺疫　慢性支气管和肠系膜淋巴结肿大，切面有干酪样坏死灶。

（5）猪弓形体病　体表颌下、咽后、腹股沟淋巴结肿大，切面多汁、充血、出血，有的有粟粒至黄豆大坏死灶，内脏淋巴结以小肠肠系膜、肺、肝等淋巴结肿大、充血、出血、坏死。

（6）猪链球菌　有败血性和淋巴结脓肿两个类型，表现为全身淋巴结不同程度的肿大，充血和出血，浅表淋巴结发炎和化脓。

2. 卫生处理

病变限于局部时，病变淋巴结销毁。如因传染病引起的病变，应结合具体疾病处理。

第三节　家畜常见器官病变的检验与处理

一、肺脏病变

1. 类型

（1）肺出血　猪瘟等传染病可出现肺脏浆膜面出血。寄生虫如蛔虫、细颈囊尾蚴、肺丝虫等移行可引起肺出血。鼠药华法林（Warfarin）（苄丙酮香豆素）中毒，干扰血凝，可引起肌肉和内脏出血。电麻引起的肺出血：电麻所致的肺出血一般常出现在膈叶背缘的胸膜下，呈散在性出血点，有时密集成片，伴有支气管淋巴结出血。

（2）肺淤血　肺脏紫红色，体积增大，质地变韧。气管和组织内混有泡沫血样液体。

（3）肺水肿　特征是体积增大、间质增宽、肺胸膜紧张闪光。实质淤血、湿润。气管和支气管含有大量带泡沫的液体。细菌如猪链球菌感染时，肺脏水肿，出血点多，并有局部脓肿。弓形虫感染常有肺水肿。左心衰竭，可导致肺水肿。

（4）肺炎

①支气管肺炎：肺脏血源性感染的特征是在肺的不同部位出现局灶性炎症，粟粒大小的病灶。猪支原体肺炎特征是肺炎区位于小支气管周围，散布于正常肺组织之中。病变部位主要在尖叶、心叶、中间叶和膈叶前缘，呈岛屿状分布。质地坚实，灰红色，切开病变部，从气管内可以挤出黏液脓性阻塞物。多个小叶的病灶切面呈多色状；有的病变小叶合并构成融合性肺炎。

②纤维素性肺炎：特征为肺脏有不同肝变期的肝变病灶，严重的在肺胸膜和肋胸膜表面覆有纤维素性物并与形成粘连。

③肺气肿：肺脏苍白色、体积膨大，弹性下降，捻发音不明显。切面干燥。发生于濒死性呼吸增强（屠宰猪的肺气肿）、支气管阻塞（例如线虫阻塞）以及肺炎区域周围的代偿，往往同时存在肺炎、肺气肿和肺萎陷。

④肺萎陷（肺不张、膨胀不全）：外观体积缩小，弹性下降，肉样感觉，色泽呈暗红色或紫红色，切面均匀、致密。

2. 卫生处理

（1）因电麻不当引起的肺出血、因加工不当引起的肺脏呛血、呛水，将局部修割废弃，其余部分不受限制出场。

（2）其他病变肺脏，一律化制或销毁。

二、心脏病变

1. 类型

（1）纤维素性心包炎和心外膜炎　心包腔有纤维素性渗出物，心包膜和心外膜覆有灰白色纤维素性物，心包壁层和脏层（心外膜）常发生粘连，见于猪丹毒，猪瘟、巴氏杆菌病等。

（2）疣状心内膜炎　多由猪丹毒杆菌慢性持续感染房室瓣引起。溃疡性心内膜炎多由链球菌或化脓性棒状杆菌引起。病变涂片可见大量纤细的猪丹毒杆菌或稀疏分布的链球菌。心内膜炎应注意与心内膜纤维瘤的鉴别，纤维瘤长在肌束上，光滑，不易脱落。

（3）猪心外膜出血　一般见于冠状沟脂肪或心耳。常见于猪瘟、猪丹毒等急性传染病。电麻不当会引起健康动物的心内膜出血，常见于猪和犊牛的心内膜特别是二尖瓣的尖部。犊牛二尖瓣75%有先天性瓣膜囊肿或瓣膜血肿。

（4）心肌变性和心肌炎　病毒性感染时常发生心肌浊肿或脂肪变性和心肌炎。口蹄疫时，心肌表面出现浅灰色或黄色的条纹或斑点的脂肪变性区域，被称为“虎斑心”。心肌变性和心肌炎也见于破伤风、败血性子宫炎和败血性乳腺炎。

（5）囊虫、浆膜丝虫　猪囊虫寄生于心肌表面和实质内。猪浆膜丝虫主要寄生在心外膜的纵沟区浆膜下或其他部位，呈圆形、椭圆形灰白色小结节，刺破后可以挑出成团的线虫。

2. 卫生处理

心脏有上述（电麻引起的出血除外）任何一种病变，一律化制或销毁。如确认系传染病引起的病变，应结合具体疾病处理。

若心肌肥大、脂肪浸润、慢性心肌炎而不伴有其他脏器变化的，不受限制出场；其他心脏病变的，心脏一律化制或销毁；创伤性的心包炎，心脏化制，对胴体的肉要做沙门菌的检查，阴性，则不受限制出场，阳性，要经高温处理出场。

三、肝脏病变

1．类型

（1）肝淤血　全肝淤血肿大，重量增加，颜色加深，紫红或者暗红色。包膜紧张，外观隆起光滑。切面流黑紫色血液。中央静脉明显扩张，鲜红色或暗紫色。

（2）肝出血　渗出性出血表现为细小出血点，见于传染病或者中毒病。破裂性出血表现为小叶内多个出血灶或小的血肿，或者整个小叶出血，主要因为蛔虫、细颈囊尾蚴、猪肾虫、刚棘颚口线虫等幼虫的移行破坏作用所致。淀粉样变也会引起肝脏出血。

（3）肝浊肿　全肝体积肿大，边缘钝圆，包膜紧张，质地硬脆，色灰褐如煮过，切面外翻。

（4）肝脂肪变性　全肝呈黄色，肿大、质脆，边缘钝圆，切面油腻。严重的脂肪变性肝脏称为脂肪肝。猪群拥挤关养数日后，常大量发生脂肪变性，而体积不肿大、质地结构无变化的肝脏，称为饥饿肝。脂肪变性肝脏又发生淤血，形成黄色的变性实质组织和淤血的红紫色间质相间的花纹，如同中药槟榔切面的花纹，称为槟榔肝。

（5）坏死性肝炎　肝表面和切面存在灰白色、灰黄色的大小不一、数量不等、形状不规的散在分布的小点状局灶性坏死，多见于沙门杆菌、禽巴氏杆菌、坏死杆菌、原虫等感染性疾病。

锯屑肝是指肝脏实质内有许多直径1～2mm的黄色局灶性的外观像锯屑颗粒样的小坏死区。可能是由于肠道细菌经过门静脉入侵肝脏引起的，也可能是饲料中缺乏维生素E或微量元素硒引起的。

（6）浮膜性肝炎（绒毛肝）　腹膜炎时，肝脏表面全部或部分覆盖绒毛状浮膜。

（7）肝硬化　肝脏实质组织破坏，结缔组织增生，器官收缩变形。猪肝硬化可由微生物、寄生虫感染、真菌毒素或者有毒植物（如含有吡咯烷生物碱的聚合草）中毒引起。因而肝脏表面高低不平，常见圆形突起或巨块。有时伴发黄疸。

（8）乳斑肝　是蛔虫等寄生虫幼虫移行损伤肝组织，引起间质结缔组织增生所致的间质性肝炎（蠕虫性肝炎）。其小叶间隔加宽，并向周围健康肝组织扩展，在肝表面形成白色或灰白色斑块，似牛乳滴。其他如细颈囊尾蚴，猪肺丝虫也引起相似病变。

（9）囊肿肝　先天性胆管囊肿表现为小囊肿大量存在，含有透明水样液体。病理性胆管囊肿是在慢性增生性肝炎过程中，因结缔组织增生，胆小管内胆汁流出受阻而扩张呈囊状，肝表面见到若干小水泡。同时因胆汁不能进入胆囊，胆囊皱缩，发生阻塞性黄疸。

（10）肝萎缩　肝脏体积缩小、边缘变薄，重量减轻，质地坚实，包膜皱缩，灰褐色。见于慢性消耗性疾病，长期饥饿，肿瘤或者寄生虫压迫。

（11）其他病变　猪华支睾吸虫和肝片形吸虫的急性感染常引起肝脏肿大，肝色泽正常；慢性感染时，常引起胆管炎，胆管扩张，结缔组织增生，肝脏变形。

2. 卫生处理

（1）局部压迫性肝淤血，实质正常者，作市销处理。全肝轻度淤血和肿胀，作高温处理；全肝淤血和肿胀严重者，应予以化制或销毁。

（2）生理性脂肪肝、饥饿肝、轻度的肝硬化，可不受限制利用。

（3）锯屑肝无碍于食用，但如影响商品外观，可作动物性饲料。

（4）由中毒或传染病引起的脂肪变性肝、肝坏死、肝脓肿，一律化制或销毁。

（5）由寄生虫引起的肝损害，如病变轻微，修割鲜销；如病变严重，应作工业用。

四、脾脏病变

1. 类型

（1）“败血脾”　见于急性猪丹毒、猪链球菌病、猪炭疽等败血型疾病。呈急性脾脏炎症，体积明显肿大，切面模糊，充满血液（图3–6）。

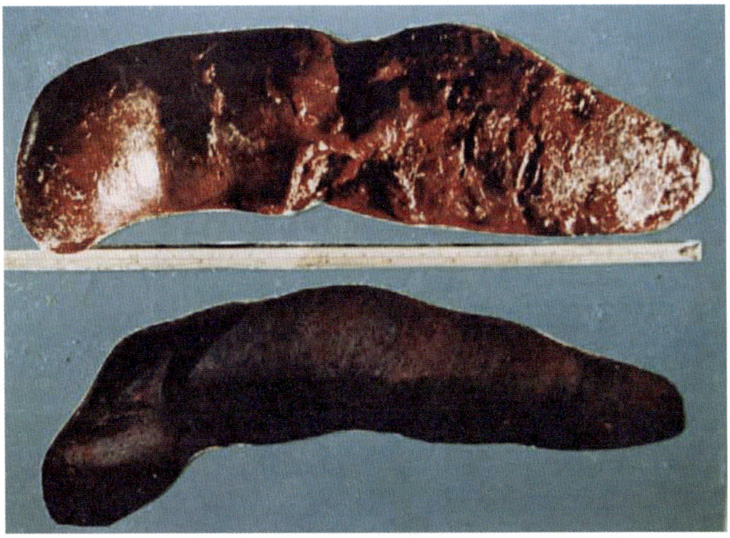

图3–6　急性充血典型的病理变化

（2）屠宰脾　发生在正常屠宰猪和牛的一种非病理性的脾脏充血和肿大，切面流出大量血液。胴体和其他脏器无异常。

（3）火腿脾或西米脾　脾脏的红髓部分沉着了淀粉样物质，呈灰白色，其他部分呈现暗红色，两种颜色互相穿插如同火腿肉的切面花纹，称为“火腿脾”。如果淀粉样物质仅仅沉着于淋巴滤泡，淋巴滤泡呈灰白色颗粒，如同煮熟的西米，则称为“西米脾”。

（4）脾脏脓肿　猪的脾脏表面密布黄色小结节，质地较硬。其他部位未见病变。

2. 卫生处理

各种病变的脾脏，一律化制或销毁。

五、肾脏病变

1. 类型

（1）肾囊肿或多囊肾肾脏囊肿　以猪多见。单个肾囊肿多发于肾皮质部，呈球状凸出肾表面。而多发性囊肿，常位于肾实质深部，切面多呈蜂巢状。囊肿的囊壁薄而透明，充满清亮液体。

（2）肾浊肿　体积肿胀、色泽灰暗无光泽、切面外翻、凸出。

（3）肾淤血　体积微肿，表面暗红或有蓝紫色；皮质切面红黄色，接近皮质的髓质暗紫色，界限明显；弓状静脉断端流出暗红色血液。动物生前发生的肾脏淤血是两侧变化一致，氟乙酰胺中毒急性死亡的猪的肾脏出现深红色淤血斑和变性的灰黄色斑块相互镶嵌，色彩斑驳。

（4）肾出血　新鲜的出血点呈鲜红色，之后呈黑紫色。猪瘟时，肾脏的出血点大小不一，分布不均，称“火鸡蛋肾”或“蚤咬肾”。出血点不仅出现在皮质，而且出现在肾盂。猪丹毒时，肾脏出血限于皮质部分，出血点大小一致，数量较多，分布均匀。

（5）肾脏坏死　又称梗死。可见于慢性猪丹毒的疣状心内膜炎的非化脓性栓子脱落，引起肾脏梗死称疣肾，即慢性猪丹毒肾脏灰色肿大梗死。

（6）肾炎　肾小球性肾炎时，肾脏肿胀，色淡或正常。皮质增厚，肾小球肿胀呈颗粒状。局灶性间质性肾炎常在肾脏两端有数量不等的多角形红色或中心灰色病变，外周有充血带，称为“白斑肾”。白斑的大小不一，切面上有白色条纹。猪常见慢性间质性肾炎，特征是硬化、萎缩。色泽苍白，质地较硬，表面高低不平，包膜不易剥离。肾脏表面见白色小点，切面上小点在皮质部分是一条白线。有时肾脏肿胀较大。严重时，表面高低不平，形成皱缩，又称固缩肾。

化脓性肾炎是由化脓菌的血源性感染引起的，如果细菌经过毛细血管袢和间质毛细血管，发生粟粒状脓肿；如果细菌经过较大血管感染，发生败血性梗死。肾脏肿大，表面有大量黄色小结节，其周围充血红晕。刺破结节，有脓汁。猪的咬尾感染引起的脓血症，常发生肾脏脓肿，化脓灶周围有充血反应带。母猪急性肾盂肾炎，肾脏表面斑驳，肾盂积脓。

（7）猪肾虫　成虫寄生在猪的肾、输尿管、肝。幼虫可以侵袭肾脏实质部分，引起肾脏肿大变形，色淡。

（8）肾脏的肿瘤　胚胎性肾瘤是猪最常见的肿瘤，多位于肾脏的前端，其包膜良好，大小不一。肿瘤切面有坏死区和结缔组织，出血斑和黄色组织，这些区域互相穿插。

2. 卫生处理

（1）轻的肾囊肿、肾梗死，可修割局部病变后供食用。因加工不当引起的实质正常的轻度肾淤血，可不受限制利用。

（2）其他各种病变肾脏，均应化制或销毁。

六、胃肠病变

1. 概述

在宰检验中，猪常见的胃肠病变有：胃溃疡、胃壁水肿、肠壁水肿、大肠肠炎等。引起这些病变的致病原因很多，如长途运输饲养拥挤、惊恐，集约化饲养使用单纯配合饲料，导致猪胃的急性“应激性溃疡”。而慢性胃溃疡可能与病原菌（如沙门菌、幽门螺旋杆菌等）感染有关，其严重者伴发胃穿孔，可能引发腹膜炎。寄生于猪胃的刚棘颚口线虫常引起胃黏膜发炎或穿孔。寄生于小肠的蛭状巨吻棘头虫常引起结节和溃疡；蛔虫除引起肠炎外，还可侵入胆管和肝内引起黄疸。猪感染沙门菌可引起出血型和伪膜型大肠炎；慢性猪瘟发生的纤维素性坏死性肠炎为轮层状溃疡。

2. 卫生处理

（1）非传染性因素引起的胃肠病变，且病变仅限于局部和变化轻微者，割除局部病变后上市。若病变严重、发生面积大的，整个器官化制或销毁。

（2）凡传染性因素引起的胃肠病变，按传染病处理。

第四章　畜禽寄生虫病学基础知识及生猪常见寄生虫的检验

第一节　动物寄生虫病的危害

一、动物寄生虫病学中的基本术语

（1）寄生虫　指暂时或永久地在宿主体内或体表生活，并从宿主身上取得营养物质的动物。

（2）宿主　凡是体内或体表有寄生虫暂时或长期寄生的动物都称为宿主。

（3）动物寄生虫学　是研究寄生于动物体内的各种寄生虫的形态学、生理学、分类学、生物学和生态学等问题的一门一般生物学和兽医学内容的综合性学科，是阐明寄生于动物的各种寄生虫及其对动物所发生影响和所引起疾病的科学。它包括动物寄生虫学和动物寄生虫病学两方面内容。后者主要研究侵袭动物机体的各种寄生虫的致病作用、由其引起疾病的流行病学、症状、病理变化、免疫、诊断及防治措施等。

二、动物寄生虫病的危害

动物寄生虫病是由寄生于动物体的各种病原性寄生虫引发的疾病。由于寄生虫病有一定的隐蔽性，发病流行缓慢，临床表现不明显，死亡率较低，易被人们忽视。但是，寄生虫可消耗动物营养，降低饲料利用率、影响动物生长、甚至引起大规模死亡，造成的经济损失相当严重，从而阻碍了畜牧业的快速发展。因此了解诊断寄生虫病非常重要。

第二节　寄生虫的生活史

寄生虫的生活史是指寄生虫完成一代的生长、发育和繁殖的整个过程，包括寄生虫的感染和传播。分为直接发育型（图4–1）（发育史中不需要中间宿主，如蛔虫）和间接发育型（图4–2）（发育史中需要中间宿主，如吸虫）两类。

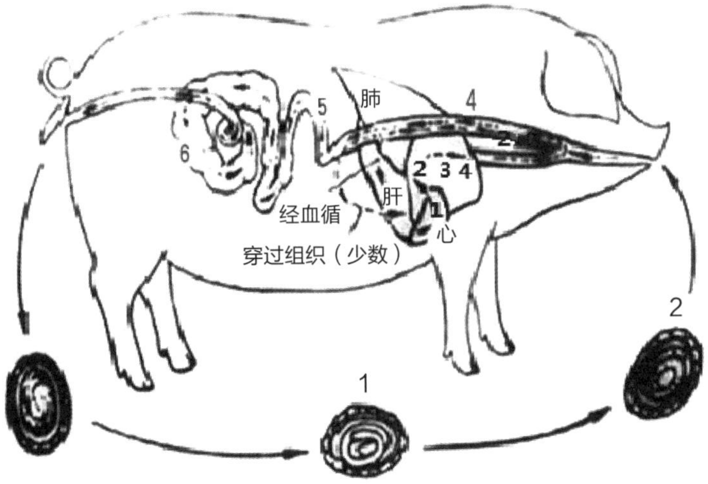

图4–1 直接发育型（蛔虫的生活史）

1—第一期幼虫 2—第二期幼虫 3—第三期幼虫
4—第四期幼虫 5—幼虫 6—成虫

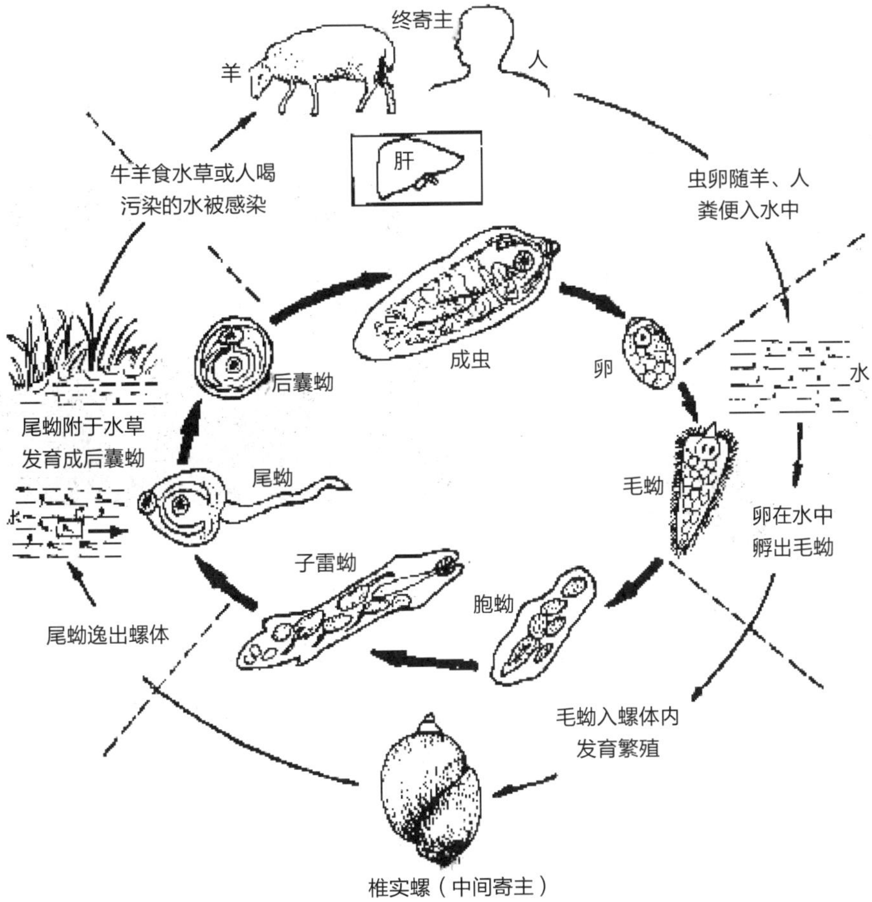

图4–2 间接发育型（肝片吸虫的生活史）

第三节　生猪常见寄生虫病的检查

寄生虫主要分为体内寄生（如蛔虫、鞭虫、结节线虫、肾线虫、肺丝虫等）和体外寄生（螨、虱、蜱、蚊、蝇等），无论哪种都会对猪产生很大的危害，体内寄生虫夺取猪的营养物质，爬行蠕动影响猪内脏器官的正常工作，使猪营养不足，体重增加量减少，免疫力下降，影响胎儿正常发育，幼猪体重不足，身体健康状况欠佳，幼猪数量减少。体外寄生虫影响猪的正常生活，使猪焦躁不安，影响饮食，寄生虫还是其他疾病的传播媒介，增加了生猪感染疾病的概率，给养殖户带来不应有的损失。以下介绍几种生猪常见寄生虫病的鉴别诊断。

一、常见体外寄生虫病

（一）猪血虱（图4-3）

猪血虱寄生于猪的任何部位（如：颊部、颈部、体侧等），主要是以吸食血液为主，可导致病猪出现皮肤刺痒，身体局部区域出现毛发脱落、皮肤损伤，长期患病可导致病猪体型消瘦（图4–4）。

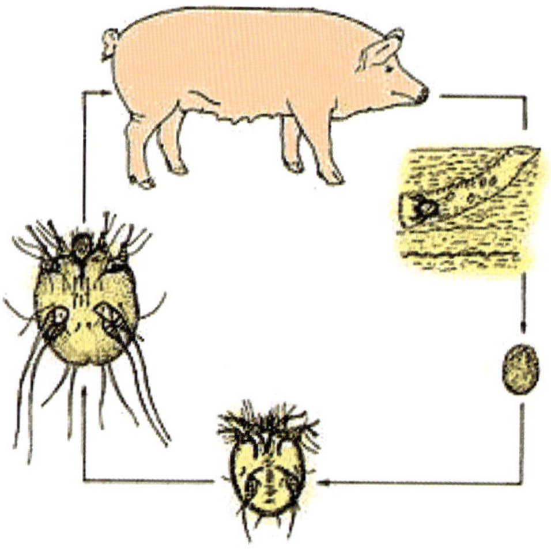

图4–3　猪血虱的生活史

图4–4　猪血虱病

（二）疥螨病

疥螨病又称“疥疮”，是由猪疥螨引起的一种慢性皮肤寄生虫病（猪疥螨的生活史见图4–5），其特征是患猪发痒和皮炎。发病时，病猪主要表现为烦躁不安、蹭痒等异常行为，严重时可导致皮肤出血、增厚、局部脱毛以及结缔组织增生等病症（图4–6）。仔猪最易发生，主要由病猪与健康猪的直接接触或通过被疥螨及其卵污染的圈舍、垫草和用具间接接触而感染。猪舍阴暗、潮湿、环境卫生差、营养不良，均可促进本病发生。因此，应

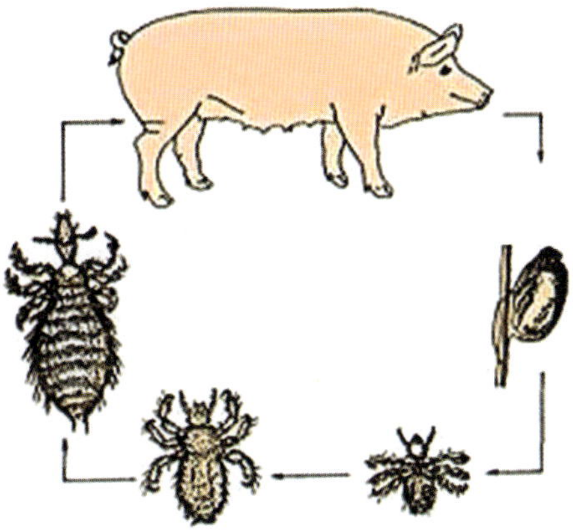

图4–5　猪疥螨的生活史

图4–6　猪疥螨病

保持猪舍清洁、干燥、通风。进猪时，隔离饲养，确认无病方可混群。对病猪舍及用具可使用草木灰水、生石灰等彻底消毒，对病猪应采用以下几种方式尽早治疗：

（1）敌百虫　1%溶液喷洒，应该现用现配。怀孕母猪禁用，以防流产。

（2）溴螨酯　1%水溶液，喷洒患处。

（3）溴氰菊酯　50%的溶液，间隔10天喷淋两次。

二、常见体内寄生虫病

（一）猪囊尾蚴病

猪囊尾蚴病又称猪囊虫病，是由人的有钩绦虫的幼虫（猪囊尾蚴）寄生于猪的肌肉组织中引起的一种危害严重的人畜共患病，其成虫只寄生于人的小肠。属于国家二类动物疫病，被感染的猪肉俗称“米猪肉”“豆猪肉”或“米糁肉”。

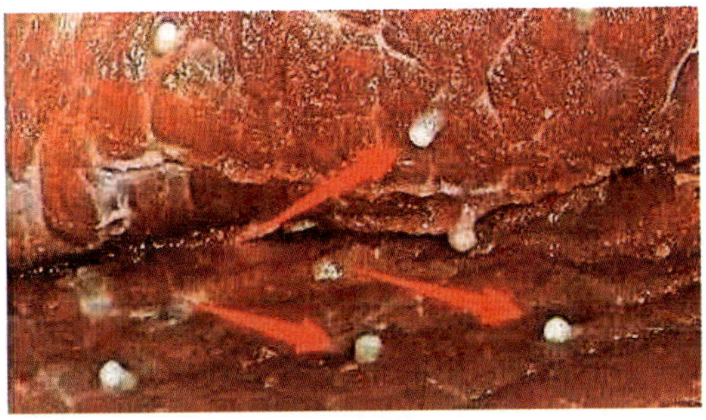

图4–7　猪囊尾蚴病（米猪肉）

1. 病原

猪囊尾蚴呈椭圆形、黄豆大小、半透明囊状（图4–7），囊内充满液体，囊壁上有1个圆形米粒大小的乳白色头节，镜检头节，其顶端有4个圆形的吸盘，顶突上有2圈角质小钩。

2. 临床症状

猪囊尾蚴少量寄生猪体时，症状不显著。严重感染时，病猪发育不良，贫血，生长迟缓，体型变成“狮型”或“哑铃状”；侵害肺和喉时，出现呼吸困难，声音嘶哑；寄生于眼部可引起失明或视觉障碍；寄生于脑部，有癫痫和急性脑炎症状，甚至引起死亡；寄生在舌、颊部肌肉时，引起咀嚼困难，触摸舌根可发现小疙瘩。

3. 剖检变化

根据农牧发［2019］2号《生猪屠宰检疫规程》剖检，主要检验是心肌、咬肌、膈肌及腰肌肌肉，肉眼观察有无猪囊尾蚴（白色半透明囊泡）。

4. 预防治疗

感染囊虫病与患绦虫病患者的粪便有密切关系，因有钩绦虫寄生在人的小肠内，成熟虫卵的体节，每3～5个脱落下来，随粪便排出体外，被猪吞食后而患该病，人吃未做熟病猪肉又能感染绦虫。避免猪吃人的粪便，人粪经过发酵处理后再作肥料。加强屠宰检验，禁止出售有囊尾蚴的猪肉。彻底清除人体内绦虫，以防止病原传播。

对病猪可采取下列药物进行治疗：

（1）吡喹酮　50mg/kg，肌肉或皮下注射，连用3d。

（2）丙硫苯咪唑　30mg/kg，肌肉注射或口服，连用3d。

5. 无害化处理

宰后，猪酮体及内脏全部化制或销毁。

（二）猪旋毛虫病

猪旋毛虫病是由旋毛虫的成虫寄生于肠管及其幼虫寄生于横纹肌内所引起的一种人畜共患寄生虫病，也是国家二类动物疫病。

1. 临床症状

猪只轻微感染不会出现明显的临床症状；严重时临床初期表现呕吐和腹泻的肠炎症状，而且食欲不振，开始消瘦，后期有疼痛、麻痹、运动障碍、声音嘶哑、消瘦及水肿症状。

2. 屠宰场检疫

根据农牧发［2019］2号《生猪屠宰检疫规程》和GB/T 18642—2002《猪旋毛虫病诊断技术》检疫。

（1）直接观察法　分别取出左右两块膈肌，去除膈肌膜，拉紧或压平膈肌组织，在高光条件下对膈肌表面进行观察，如果膈肌纤维中出现卵圆形白色的小点，则该猪可能患有旋毛虫病，可进一步剪去肉粒压片镜检，此种情况下旋毛虫检出概率较高（图4–8）。

（2）显微镜法　分别从两块膈肌的不同部位取出1～2个大小类似于麦粒的肉粒，将其贴于载玻片后盖上盖玻片，捏住两端并加压压扁肉粒，在显微镜下观察：首先在50～70倍的低倍显微镜下观察，如果出现形状为橄榄形或卵圆形的包囊则可判定为感染了的旋毛虫；如果发现轮廓模糊，可以将浓度为50%的甘油滴在肉样上放置几分钟后进行观察；如果包囊

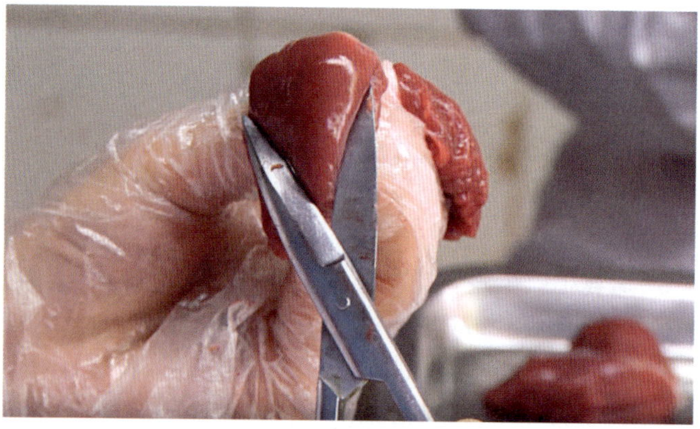

图4–8　猪旋毛虫病

出现钙化，可以通过浓度为10%的HCl进行脱钙处理，静置2h后再进行观察，可以看到残缺不全的旋毛虫体；如果包囊不清楚，可进一步美兰染色观察（图4–9）。

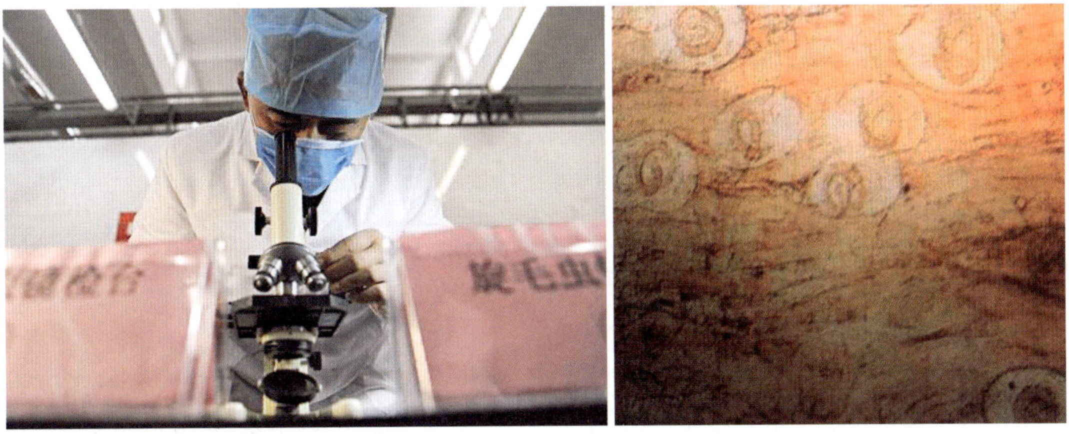

图4–9　显微镜下观察猪旋毛虫

（3）酶联免疫吸附法（ELISA）　在试验过程中对血凝的抑制情况进行观察，检测血清中病原抗体的数量，如果发现抗体数量明显增多则表明存在此病症。

（4）胶体金免疫层析法　即快速试纸条法。

①采样：

全血：吸管取全血2～3滴或用棉签浸满血样，插入稀释缓冲液使其溶出，盖上瓶盖轻微摇晃，待稀释均匀后，滴入检测卡中2～3滴检测；

组织样：取待检肌肉（一般取膈肌、背最长肌、臀肌）组织1～2g（不带脂肪），研磨或充分剪碎，放入加有稀释缓冲液的瓶内，摇晃均匀，静置后将上清液滴入检测卡中2～3滴检测；

血清：吸管取血清样品2～3滴加入标配的稀释液中，盖上瓶盖轻微摇晃，待稀释均匀后，滴入检测卡中2～3滴检测。

②检测：

取出检测卡，在试纸的加样孔中加入100μL或3滴待检样品（组织样、全血、血清样品可任选一种）中，10min内观察结果。试纸条出现两条反应线时判为阳性，一条则为阴性，无反应线判试纸条失效。

（5）集样消化法

①每批取20～25个猪的胴体，每个胴体采取5～8g膈肌脚，在集样达到100～160g后，进行匀浆。

②加入1%胃蛋白酶和1%盐酸在43℃下消化，4～6h后沉淀45min，倾去2/3的上清液。

③在43℃环境下，用7寸漏斗和60孔滤筛过滤45min，而后将样品收集至培养皿中以供检查。

④显微镜下用低倍镜检查有无旋毛虫虫体。

3. 预防治疗与处理

旋毛虫病目前被定义为二类动物疫病，鉴于其对人类健康造成的危害，根据GB 16548—2006《病害动物和病害动物产品生物安全处理规程》的规定，屠宰检疫中若确定为猪旋毛虫病或旋毛虫病肉，无论感染强度如何，一律进行无害化处理；若旋毛虫检测合格且通过同步检疫其他环节，则在检疫合格的猪酮体上加盖检疫验讫章，并出具检疫合格证明。

对病猪可以用以下药物进行治疗：

（1）丙硫咪唑　10mg/kg，1次，口服。

（2）噻苯咪唑　50mg/kg，口服，连用5～10d。

（3）氟苯咪唑　以125mg/L的浓度拌料，连喂10d。

（三）肝脏寄生虫病

1. 肝片吸虫病

片吸虫病是由肝片形吸虫（图4–10）和巨片形吸虫寄生于草食性哺乳动物的肝胆管内，或人体而引起的人兽共患寄生虫病，有时在猪和牛的肺内也可找到，虫体背腹扁平，外观呈柳树叶状，刚从胆管取出时呈棕红色，固定后变为灰白色。

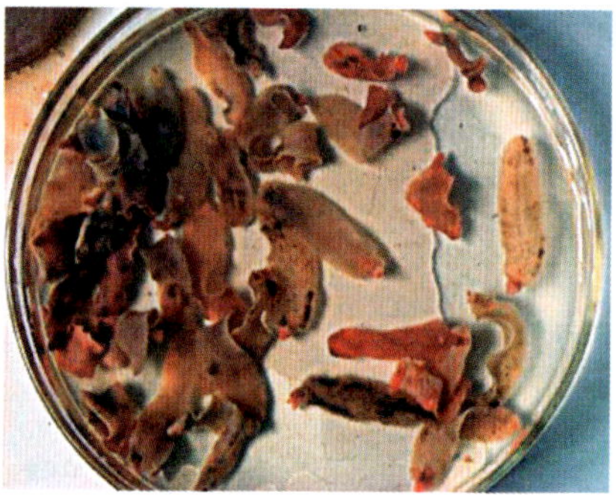

图4–10　肝片吸虫

肝片吸虫的生活史见图4–11。

2. 华支睾吸虫病

华支睾吸虫又称肝吸虫、华肝蛭，成虫寄生于人体的肝胆管内，可引起华支睾吸虫病，又称肝

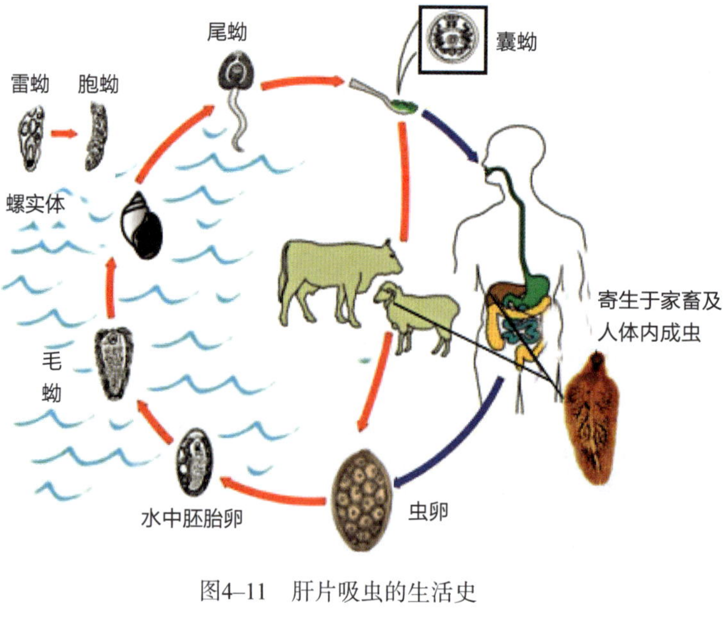

图4–11　肝片吸虫的生活史

吸虫病。成虫体形狭长，背腹扁平，前端稍窄，后端钝圆，状似葵花子，体表无棘（图4–12），其生活史见图4–13。

图4–12　华支睾吸虫

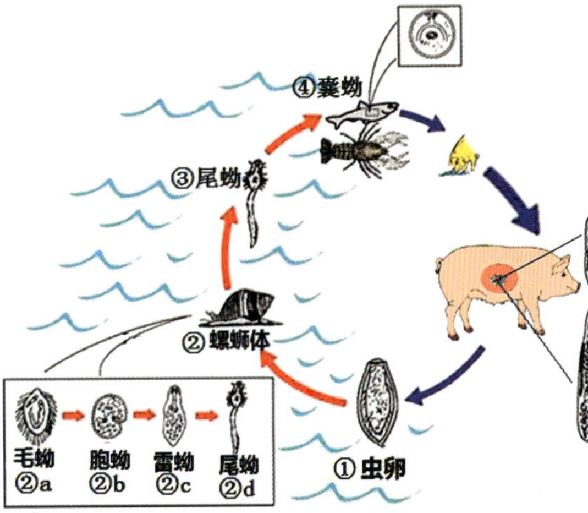

图4–13　华支睾吸虫的生活史

3. 棘球蚴病

棘球蚴病又称包虫病，是人感染细粒棘球绦虫及多房棘球绦虫的幼虫（包虫囊）所致的疾病，多见在肝脏，也有在肺、脾、肾的报道（图4–14）。

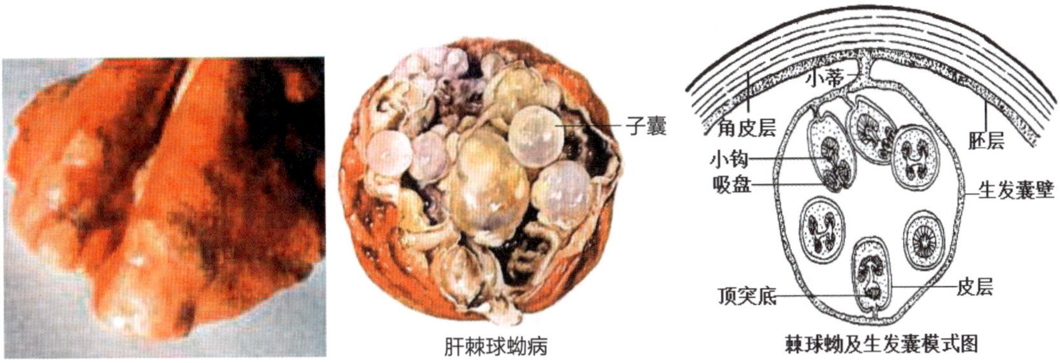

图4–14　肝脏棘球蚴及包囊

（四）肉孢子虫病

肉孢子虫病是由肉孢子虫属引起的人兽共患的原虫病。肉孢子虫感染多无临床症状，或只有较轻的一过性临床表现。寄生在中间宿主肌纤维内的虫体是一种包囊结构，故又称“米氏囊”。虫体较大，呈柳叶型，细长，（0.5～1）mm×（1～2）mm，在猪的膈脚肌、肋间肌、咬肌等活动强的肌肉中特别多见（图4–15，图4–16）。

处理方法：胴体化制或焚烧。

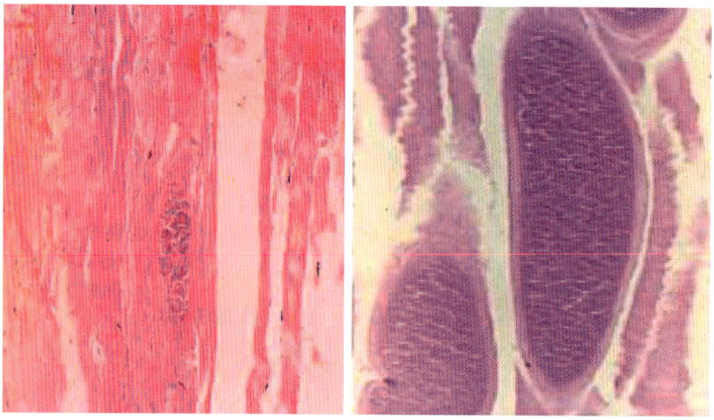

图4-15　肌肉中的住肉孢子虫

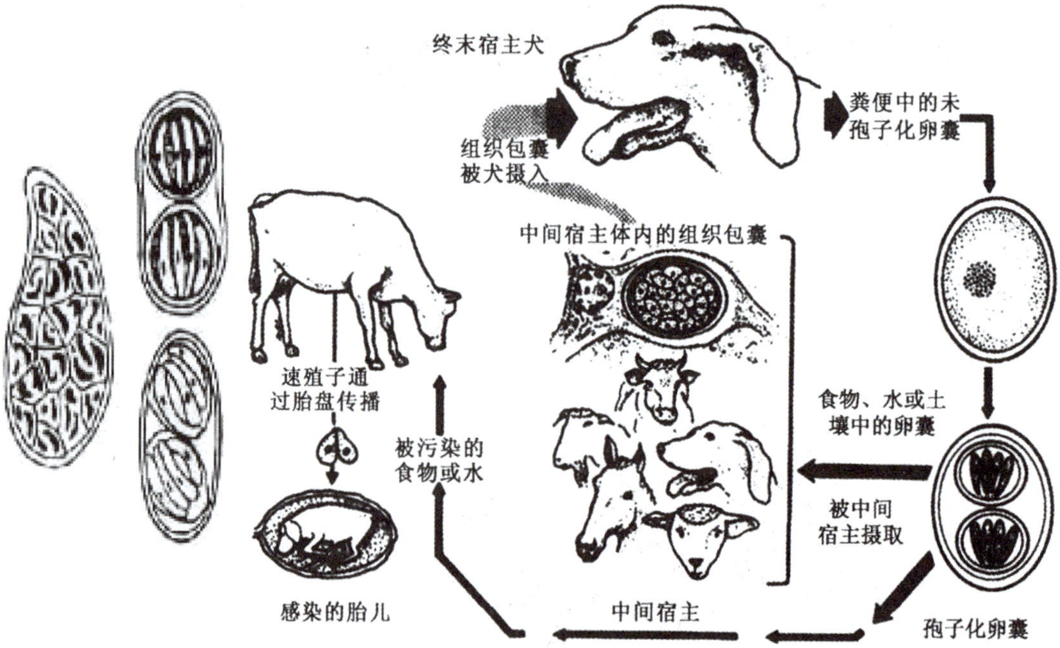

图4-16　肉孢子虫的生活史

（五）猪细颈囊尾蚴病

猪细颈囊尾蚴病是由泡状带绦虫的幼虫——细颈囊尾蚴俗称“水铃铛”引起的（图4-17）。泡状带绦虫分布甚广，家畜常见寄生，寄生数量少时可不显症状；如被大量寄生，则可引起消瘦、衰弱等症状。成虫寄生在犬的小肠，长1.5～2m，孕卵节片随粪便排出，猪吞食虫卵后，释放出六钩蚴，六钩蚴随血流到达肠系膜和网膜、肝等处，发育为细颈囊尾蚴，犬由于食入带有细颈囊尾蚴的脏器而受感染。潜隐期为51d，成虫在犬体内可生活1年之久。幼虫寄生在猪、牛、羊等家畜的肠系膜、网膜和肝等处，为一似鸡蛋大小的囊泡，头节所在处呈乳白色。

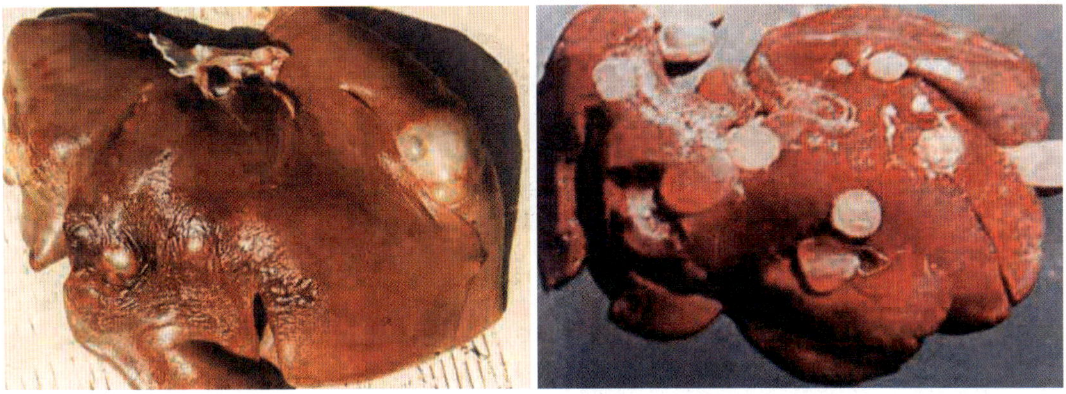

图4–17　肝脏细经囊尾蚴（水铃铛）

无害化处理方法：轻度感染者割除寄生处的囊包，其余部分不受限出厂；严重感染者将所有脏器作工业用或销毁，肉尸高温处理后利用。所有大小水铃铛囊包和摘破囊包掉在地上的头节全部收集后作化制或销毁处理。

（六）孟氏裂头蚴（图4–18）

孟氏裂头蚴病是一种人畜共患寄生虫病（图4–19），由孟氏裂头绦虫第二期幼虫——孟氏裂头蚴感染所致，是猪的一种肌肉寄生虫病，除猪外，裂头蚴尚可见于鸡、鸭、泥鳅、蛙、蛇的肌肉中。成虫寄生于狗、猫等哺乳动物的小肠中。

肉检：多数寄生在皮下脂肪与肌肉间（腹肌、膈肌、肋间肌）的疏松结缔组织或肠系膜的浆膜下和肾周围等处。宰后检验中常见于腹斜肌、皮下脂肪和膈肌浆膜下。虫体卷曲成球形，外观像脂肪球，用刀尖挑起可见白色面条状或棉线状的虫体。

处理方法：若虫体数量较少，可高温处理后出厂。若虫体数量过多，则应做化制或销毁焚烧。

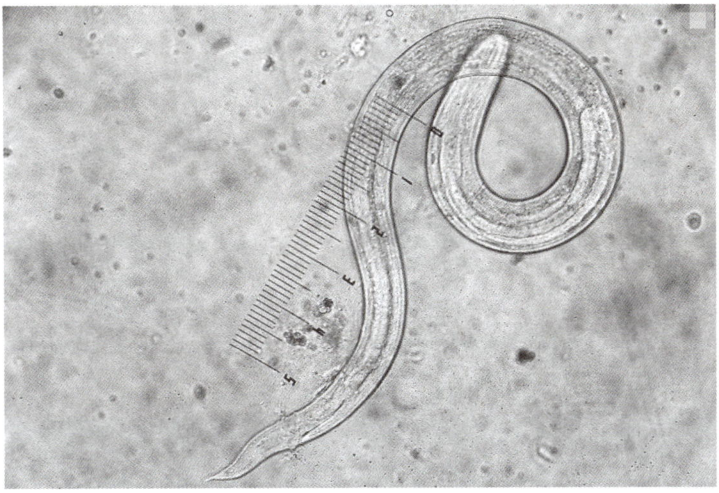

图4–18　孟氏裂头蚴

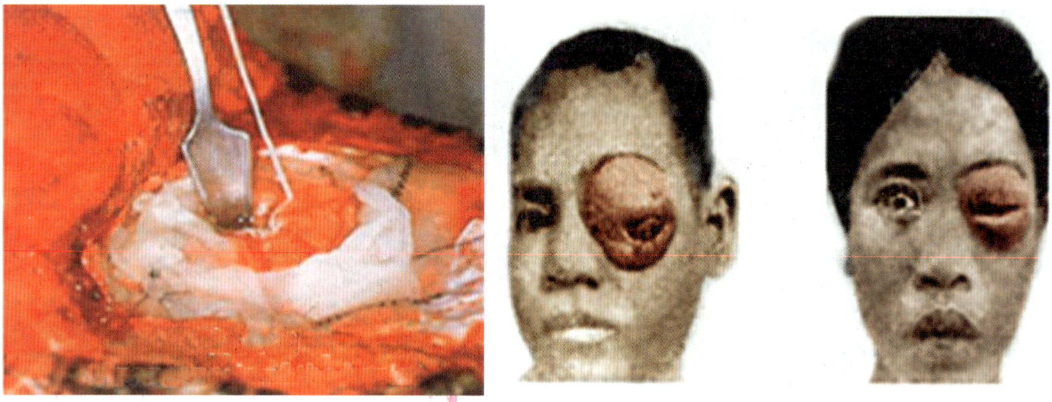

图4–19　孟氏裂头蚴病

（七）丝虫病

1. 猪肺线虫病

猪肺线虫病，又称猪后圆线虫病或寄生性支气管肺炎，主要是由长刺猪肺虫寄生于支气管而引起的；分布于全国各地，呈地方性流行（图4–20和图4–21）。

我国常见的肺线虫是长刺后圆线虫和复阴后圆线虫，虫体呈丝状白色，长2 ~ 5cm，主要寄生于猪肺叶边缘处的小支气管、细支气管和肺泡内。虫体在肺内大量寄生时会阻塞细支气管，使该细支气管分支的肺小叶出现小叶性肺气肿，可见该肺小叶呈现灰白色的凸起（肺气肿区），有时相邻的许多肺小叶同时被感染，形成大片凸起的肺气肿区。

肺丝虫病检验后的卫生处理：病变肺及喉、气管、支气管全部化制或销毁焚烧，并冲洗胴体和胸腔，防止有虫体残留。

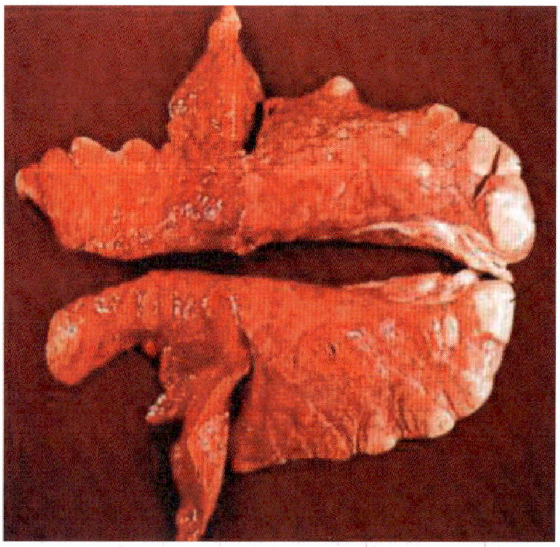

图4–20　肺丝虫病

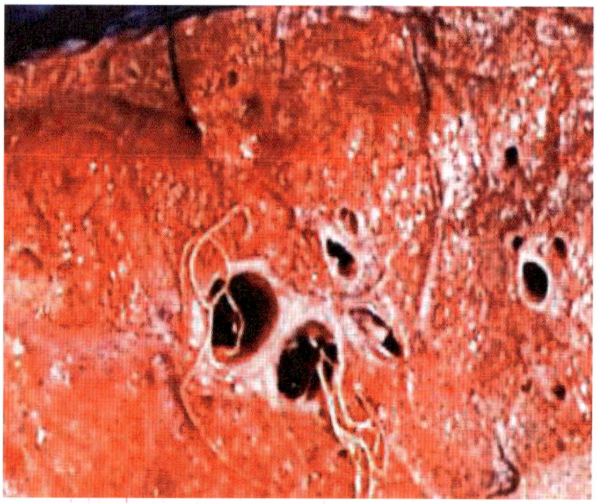

图4–21　肺丝虫

2. 猪浆膜丝虫病

猪浆膜丝虫病是由猪浆膜丝虫寄生于寄生于家猪的心脏、肝、胆囊、膈肌、子宫及肺动脉基部的浆膜淋巴管内引起的寄生虫病（图4–22）。

虫体呈线状，乳白色，头端稍膨大，角质层有横纹，雄虫长12 ~ 26mm，尾部指状，向腹面蜷曲，雌虫长55 ~ 64mm，尾部指状，稍向腹面弯曲。猪患该病主要表现为精神委顿，眼结膜严重充血，有黏性分泌物，汗液分泌多，黏膜发绀，呼吸极度困难，鼻翼牵动快等症状。剖检在心脏等处发现病灶并找到活的虫体，或将病灶压成薄片镜检发现虫体（图4–23，图4–24）。

目前尚未见有对本病防治的研究报告。检后卫生处理：化制或销毁。

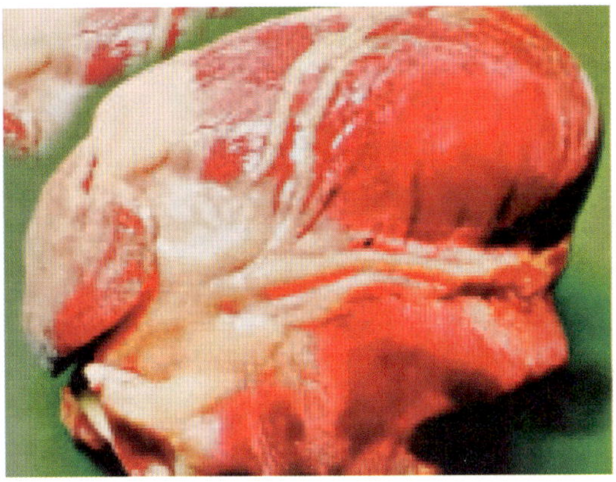

图4–22　心脏浆膜丝虫病

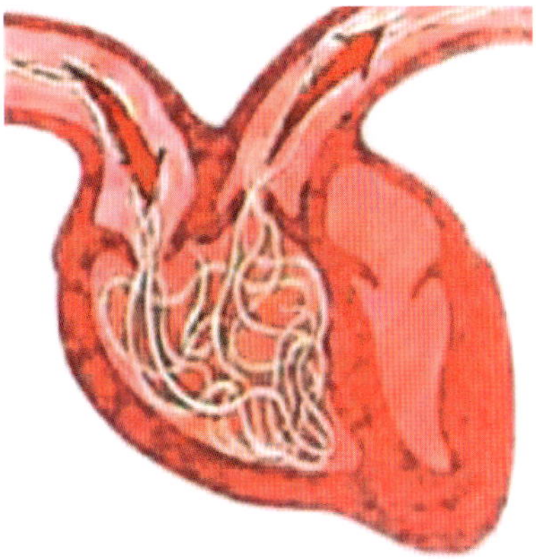

图4–23　心脏浆膜丝虫示意图

图4–24　心脏浆膜丝虫示意图

第五章　生猪屠宰过程中常见传染病的鉴别及处理

根据《中华人民共和国动物防疫法》《重大动物疫情应急条例》（2017年修正本），以及农业农村部农牧发［2019］2号《生猪产地检疫规程》、农牧发［2019］2号《生猪屠宰检疫规程》和农医发［2017］25号《病死及病害动物无害化处理技术规范》等相关规定对生猪实施屠宰检验检疫，并按照确诊疫病实施处理。

第一节　术语和概念

1. 结节

结节指在组织器官上某部位的肿块，疙瘩、凸起部分。根据来源可分为生理性结节和病理性结节。

2. 胴体

胴体指屠宰后，脱毛、去内脏和头蹄后的猪肉片，又称二分体、片猪肉。

3. 病灶

病灶指机体上发生病变的部分。如肺的某一部分被结核菌破坏，这部分就是肺结核病灶。

4. 呛血、呛水

呛血是因放血时，割断了气管，导致血液吸入肺泡。呛水是猪放血后时间较短，在还有呼吸功能的情况下进入烫毛池导致汤毛液进入肺内。

5. 生猪产品

生猪产品指胴体、内脏、头、蹄、皮张、血液、毛等。

6. 病害动物产品

宰前检验确认为患有某种疾病，并对人体具有危害的畜禽及畜禽屠宰后，其肉、生皮、原毛、绒、脏器、脂、血液、精液、卵、胚胎、骨、蹄、头、角、筋以及可能传播动物疫病的乳、蛋等称为病害动物产品。

第二节　猪的常见传染病和寄生虫病诊断

一、猪瘟

猪瘟又称猪霍乱，是由猪瘟病毒引起的猪的一种高度传染性疾病。以高热稽留、出血、梗死和致死率高为特征。

猪瘟病毒对人虽无致病性，但在发生猪瘟时常有沙门菌及巴氏杆菌继发感染，成为人类细菌性食物中毒的缘由。

（一）宰前临床检疫

（1）病猪精神萎靡，弓背，行动缓慢，患猪怕冷挤于一处（图5–1）。测体温可高达41～42℃。

（2）在四肢、耳部、背部、颈腹部皮肤有米粒大小紫红色出血点（多个出血点连成出血斑），指压不褪色（图5–2）。

（3）眼结膜、可视黏膜出血，眼角有浓密的分泌物。大便干燥或为稀的血便。

图5–1　扎堆取暖（猪瘟）

图5–2　皮肤出血点（猪瘟）

（二）宰后检验

（1）打毛后皮肤的检验时发现，皮肤苍白无弹性；有暗红色出血点，特别在四肢、耳、背、腹部多见。

（2）全身淋巴结肿大边缘出血、切面呈现红白大理石样出血（图5–3）。

（3）脾脏不肿大，暗黑红色，边缘有梗死灶（图5–4）。

（4）肾脏贫血呈棕黄色，肾的皮质、髓质和肾盂部有暗红色的出血点（图5–5）。

（5）肠系膜、膀胱黏膜有暗红色树枝状出血。

（6）肺水肿，纤维素性肺炎，肺脏膜与胸膜粘连（图5–6）。

（7）喉头黏膜有鲜红色的出血斑点，心外膜、胸膜、腹膜等浆膜均有出血点；心包内积液。

（8）肝脏肿大淤血，胆囊胆汁稀薄，胆囊黏膜有暗红色的出血点。

（9）脊椎骨呈暗红色或黑色样变（血卟啉色素沉着），脊髓出血。

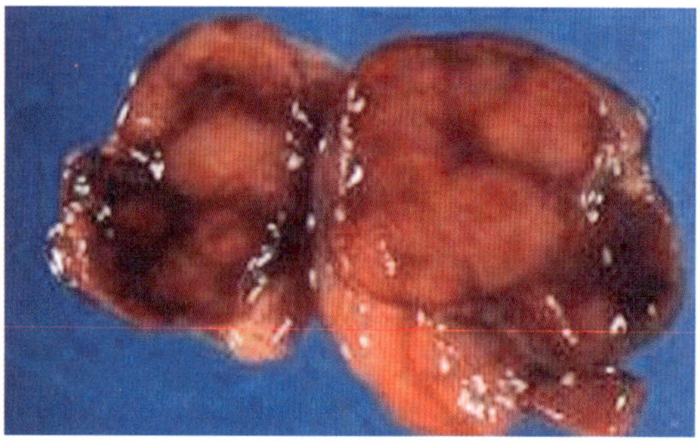

图5-3　淋巴结病变（猪瘟）

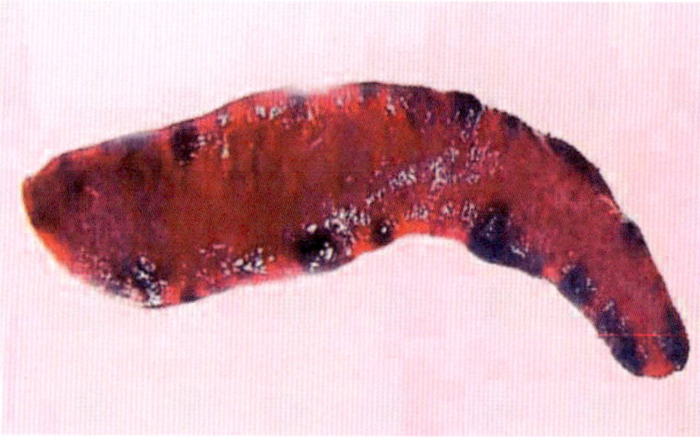

图5-4　脾脏边缘出血性梗死（猪瘟）

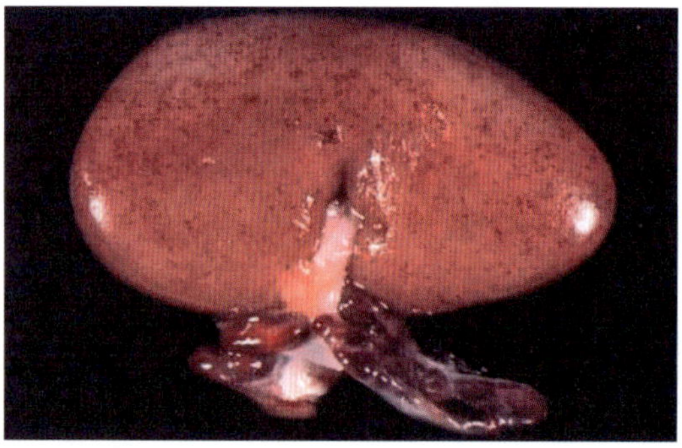

图5-5　肾脏表面出血点（猪瘟）

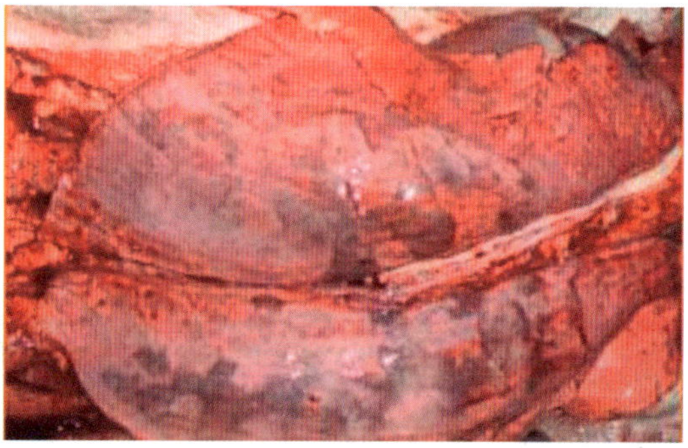

图5-6　肺脏肿大出血，纤维素性炎症（猪瘟）

（10）猪瘟长期不愈，后期可继发坏死性肠炎，回盲瓣黏膜、结肠黏膜有纽扣状溃疡（图5-7）。

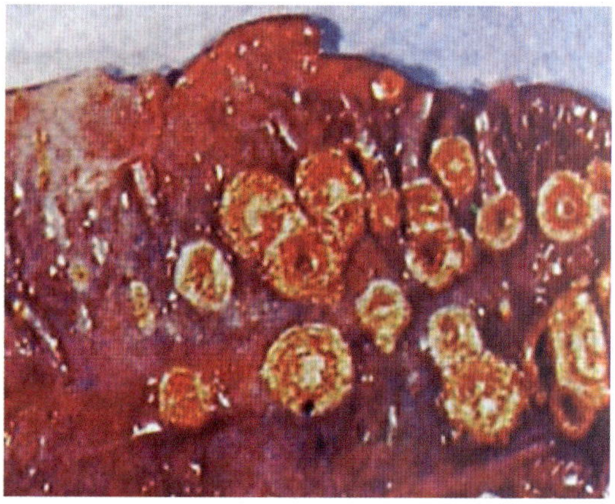

图5-7　肠黏膜纽扣状溃疡（猪瘟）

总之，猪瘟是猪的一种高度接触性和致死性较强的传染病，成为养猪企业的大敌。在我国《一、二类传染病、寄生虫病名录》中，此病被列入一类传染病。

（三）无害化处理

（1）处理流程　发现疫病，立即停止生产、限制移动、封锁现场，向有关部门报告疫情，在动物监管部门监督下进行无害化处理。

（2）宰前处理　病猪及同群猪运到指定的地点，采用不放血的方法扑杀，尸体通过焚烧、化制、高温、硫酸分解等方法销毁处理。

（3）宰后处理　病猪及同批次产品通过焚烧、化制、高温、硫酸分解等方法销毁处理。接触的地方、人员等全部消毒等。

二、非洲猪瘟

非洲猪瘟（ASF）是由非洲猪瘟病毒（滤过性病毒）引起的一种急性，热性，接触性感染较高的传染病。被我国列入一类传染病，临床表现为发热，皮肤出血发绀，突然死亡，死亡率高达100%。在70℃下30min可杀灭非洲猪瘟病毒。根据临床症状和病程可将非洲猪瘟分为最急性型、急性型、亚急性型和慢性型。

（一）最急性型

1. 宰前临床检疫

临床表现为高热稽留，体温高达41～42℃，精神萎靡，食欲不振。在养猪场或运输中可能会突然死亡，无任何临床表现，病程1～3d。通常在养猪场死亡数量逐日增多，死亡率可高达100%。

2. 宰后检验

病理检查通常情况下器官病变不明显。

3. 实验室检验

通过荧光PCR检测基因（DNA），可确诊。

（二）急性型

急性型是非洲猪瘟最常见的发病形式。病程4～10d，死亡率较高，可接近100%死亡。

1. 宰前临床检疫

（1）高热稽留，体温达40～42℃，冷缩寒战，挤卧取暖（图5–8）。呼吸困难，食欲不振。直到死前48h体温下降。

（2）病初期耳颈部、胸腹部、四肢、臀部皮肤有出血点，后期会呈现蓝紫色斑块；甚至颈部、腹部和耳部皮肤出现坏死病灶（图5–9）。

（3）呕吐；便秘，粪便表面血液和黏液覆盖；或粪便带血，或黑便。口鼻有带血的泡沫，眼睛有脓性分泌物。

（4）养猪场妊娠母猪在孕期各阶段会出现流产。

图5–8　猪扎堆取暖（非洲猪瘟）

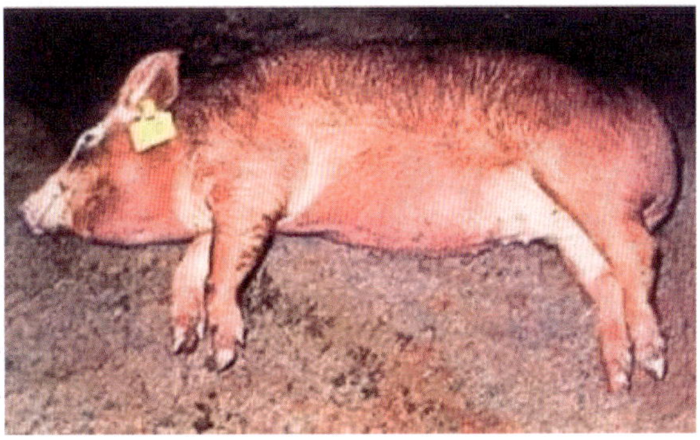

图5–9　皮肤出血发紫（非洲猪瘟）

2. 宰后检验

（1）脾脏异常出血性肿大（两倍以上），梗死，易碎（图5–10）。肺脏、肾脏肿大出血（图5–11）。

（2）下颌淋巴结、肠系膜淋巴结肿大出血，黑色（图5–12）。气管黏膜，肺脏肿大出血（图5–13）。

（3）肝脏、胆囊肿大出血（图5–14）。

（4）胃肠黏膜明显出血水肿（图5–15）。

（5）心包有清、黄、浑浊的大量积液，心外膜、心内膜、心耳出血性炎症（图5–16）。

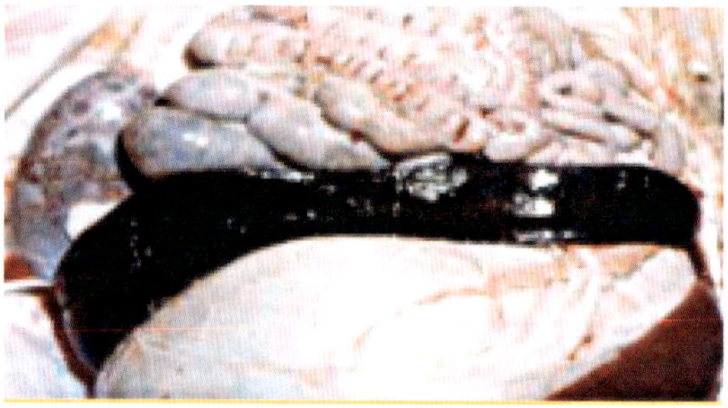

图5–10 脾脏肿大（非洲猪瘟）

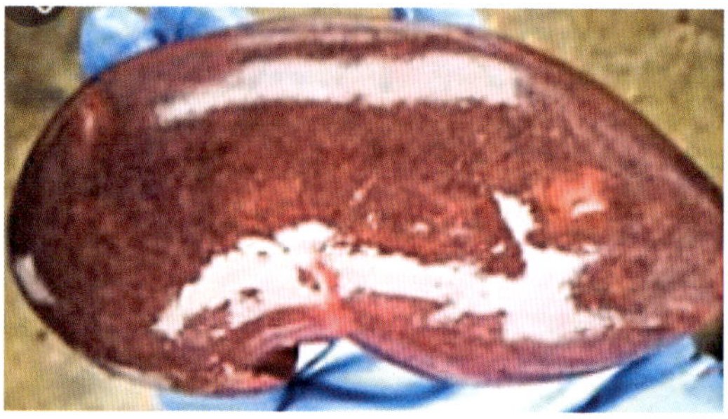

图5–11 肾脏肿大出血（非洲猪瘟）

（三）亚急性型

1. 宰前临床检疫

（1）高热稽留，体温达39～40.5℃，冷缩寒战，挤卧取暖。呼吸困难，食欲不振。死亡率30%～70%。

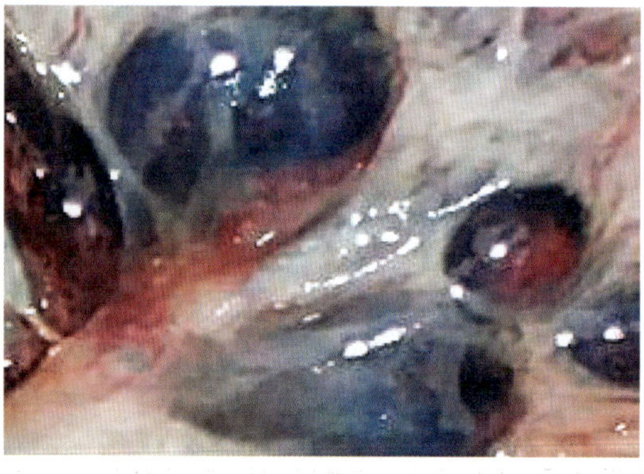

图5–12 肠系膜淋巴结肿大（非洲猪瘟）

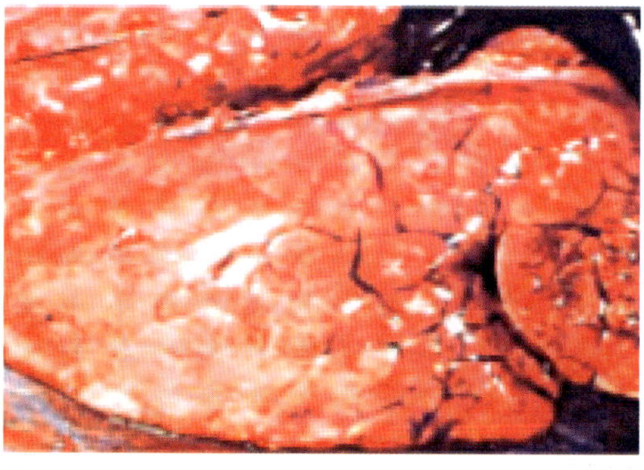

图5–13 肺脏肿大出血（非洲猪瘟）

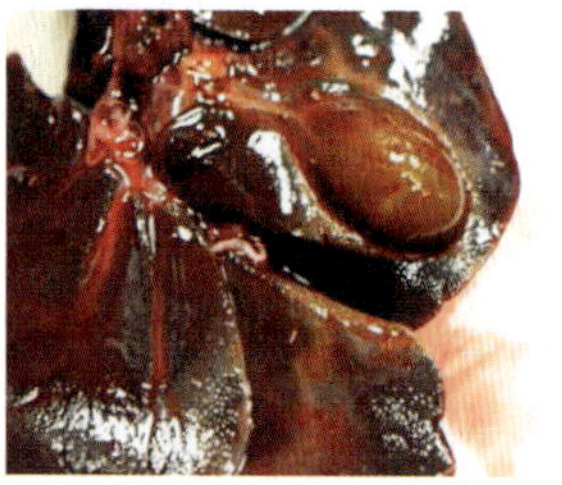

图5–14 肝、胆囊出血肿大（非洲猪瘟）

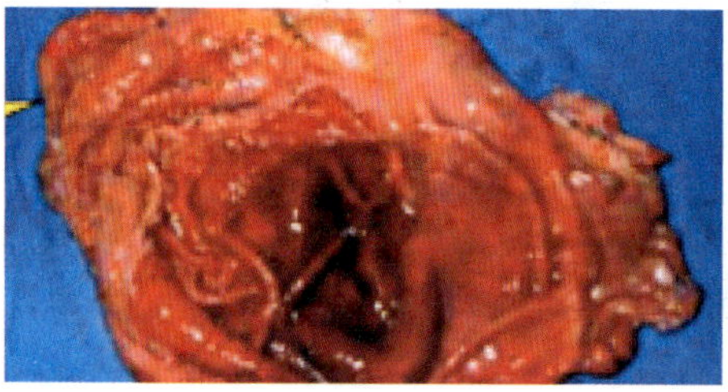

图5–15 胃黏膜出血水肿（非洲猪瘟）

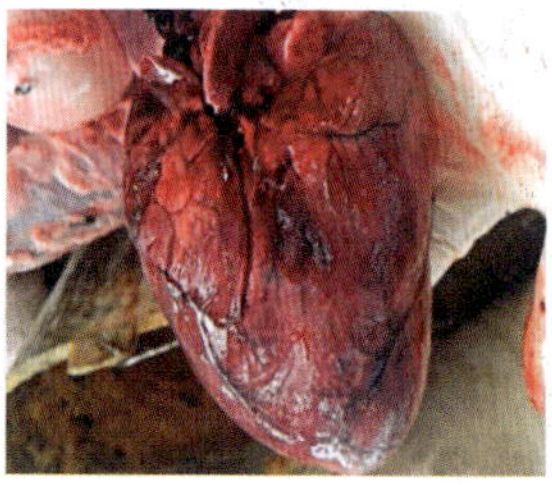

图5–16 心脏外膜出血（非洲猪瘟）

（2）四肢关节肿大，跛行。

2. 宰后检验

解剖可见关节肿大，有积液或纤维化；浆液性或纤维素性心包炎，心包积液。

（四）慢性型

1. 宰前临床检疫

临床表现波状热，呼吸困难，湿咳。消瘦或发育迟缓，体弱，毛色暗淡。关节肿胀，耳部、局部皮肤出血斑，溃疡。死亡率低。病程2～15个月（图5-17）。

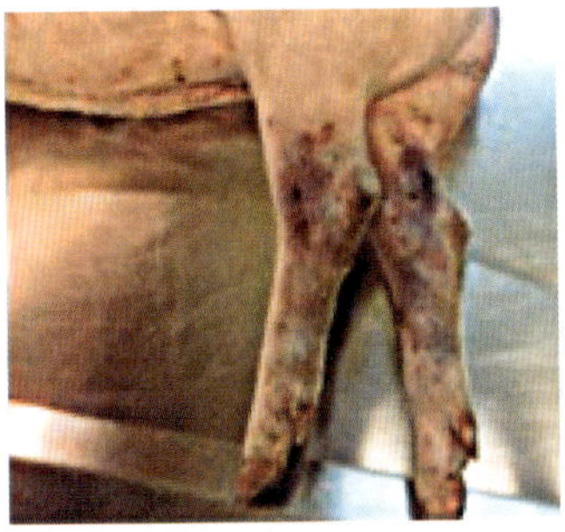

（1）

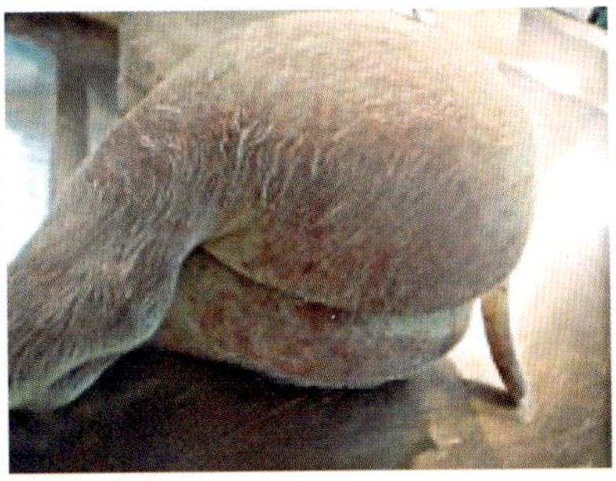

（2）

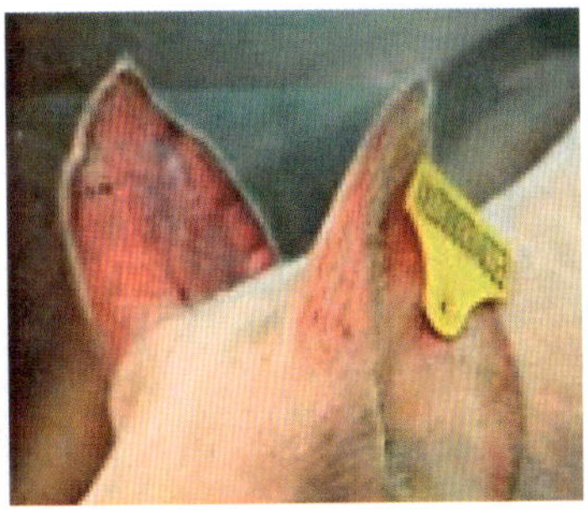

（3）

图5-17　慢性型临床症状（非洲猪瘟）

（1）关节肿大　（2）坏死斑　（3）皮肤出血凸起型红斑

2. 宰后检验

（1）肺脏边缘肝实变，局部有干酪样坏死灶。

（2）纤维素性心包炎。

（3）纵隔淋巴结、肝门、肺门淋巴结肿大出血。

需要注意的是，非洲猪瘟与猪瘟的出血性疾病的症状和病变都很相似，他们的亚急性型和慢性型在生产现场实际上是无法区别的，因而必须用实验室方法才能鉴别。现场如果发现尸体解剖的猪出现脾和淋巴结严重充血，形如血肿，则可怀疑为非洲猪瘟。

（五）无害化处理

（1）生猪屠宰发现可疑非洲猪瘟病猪后，应停止猪屠宰活动，立即上报上级动物卫生监督机构，在官方兽医的指导下对发生可疑和疑似疫情的相关场点实施严格的隔离、监视，并对该场点及关联的屠宰厂、养殖场（户）进行采样检测。禁止易感动物及其产品、饲料及垫料、废弃物、运载工具、有关设施设备等移动。

（2）疫情确诊后，畜牧兽医主管部门应当立即划定疫点、疫区和受威胁区（方圆3公里疫区，10公里威胁区），开展追溯追踪等紧急流行病学调查，向本级人民政府提出启动相应级别应急响应的建议，由当地人民政府依法做出决定。并对其内外环境进行严格消毒。每天消毒3～5次，连续7d，随后每天消毒1次，直至解除封锁。

（3）检测结果为阴性的，经疫情发生所在县的上一级畜牧兽医主管部门组织开展风险评估通过后，可恢复生产。

（4）对确诊的病猪及场内待宰猪采取不放血方式扑杀，原则上应当就地进行无害化处理，确需运出疫区进行无害化处理的，在当地畜牧兽医主管部门的监督下，使用密封装载工具（车辆）运出，严防遗撒渗漏；启运前和卸载后，应当对装载工具（车辆）进行彻底清洗消毒。接触人员进行消毒，并做好防护工作。

（5）对无症状且采样检测呈阴性的疫区的猪隔离观察21d，经采样检测评估无任何问题后可进行就地屠宰，高温处理后出厂。

三、口蹄疫

口蹄疫是由口蹄疫病毒引起的一种急性、热性和极易接触传染病，该病毒可感染牛羊猪等所有偶蹄动物，特点是发病急、传播极为迅速。除通过感染动物污染的固性物传播外，还能以气溶胶的形式通过空气长距离传播。发病率可达100%。偶尔可传播给人，属于人畜共患病。

（一）宰前临床检疫

病猪体温升高40～41℃，精神沉郁，口流涎。以唇部、口腔黏膜、鼻镜、蹄部和乳房皮肤发生水疱和溃烂为特征（图5–18）。蹄部水疱内含清亮液体，破溃后形成烂斑，也可继发感染形成脓疮（图5–19）。

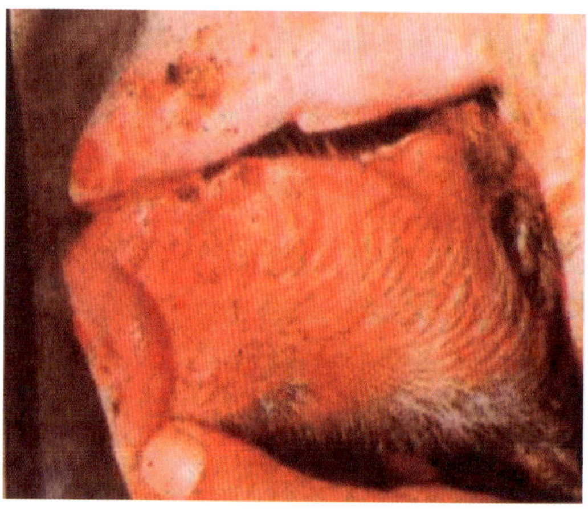

图5–18　唇部水疱（口蹄疫）

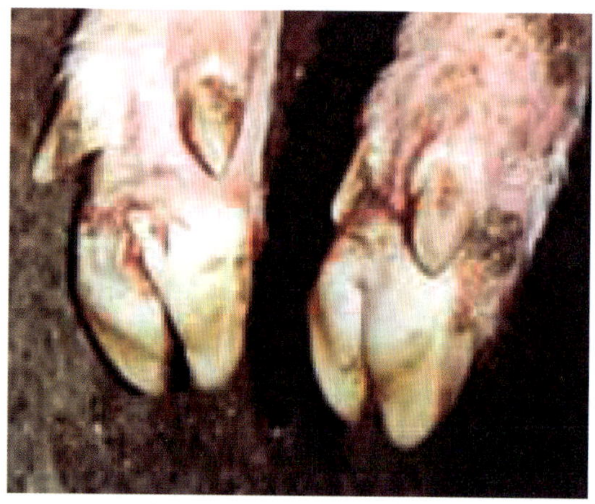

图5–19　猪蹄部溃烂结痂（口蹄疫）

（二）宰后检验

除在口腔、蹄部有水疱和烂斑外，在咽喉、气管、支气管和前胃黏膜也可出现圆形烂斑和溃疡。胃肠黏膜上可见出血性炎症。心包积液，心包膜有弥散性点状出血。心肌纤维脂肪变性性心肌炎（图5–20），心肌表面有灰白色或黄色斑纹，称为“虎斑心”（图5–21）。该病需慎重与猪传染性水疱病区别（水疱病不感染牛）。

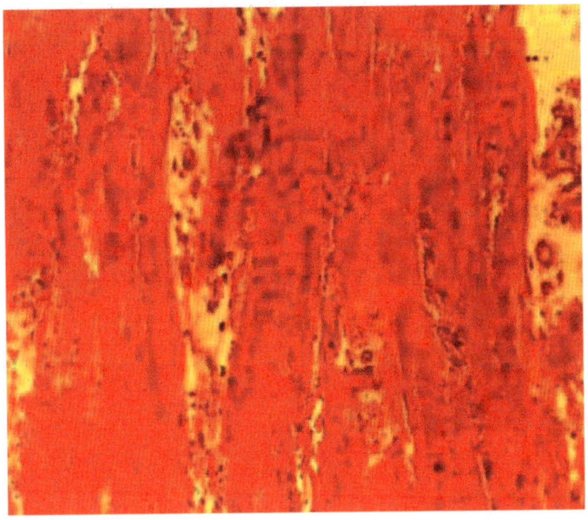

图5-20　心肌纤维坏死，被脂肪细胞（黄色区域）替代（口蹄疫）

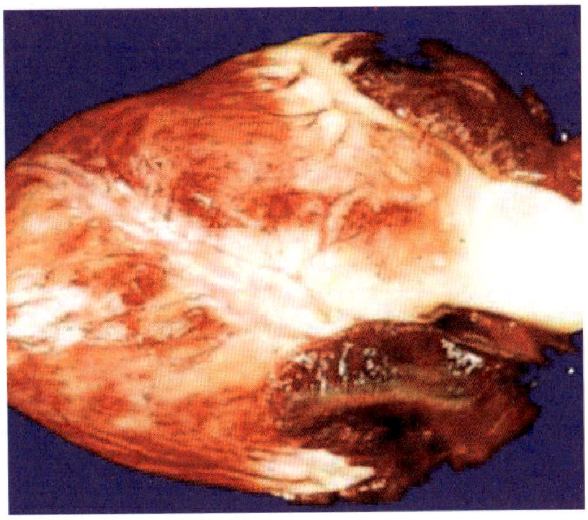

图5-21　脂肪变性心肌炎，红白相间（虎斑心）（口蹄疫）

（三）无害化处理

（1）处理流程　发现疫病，立即停止生产、限制移动、封锁现场，向有关部门报告疫情，在动物监管部门监督下进行无害化处理。

（2）宰前处理　病猪及同群猪运到指定的地点，采用不放血的方法扑杀，尸体通过焚烧、化制、高温、硫酸分解等方法销毁处理。

（3）宰后处理　病猪及同批次产品通过焚烧、化制、高温、硫酸分解等方法销毁处理。

未屠宰的同群猪运到指定地点，采用不放血方法扑杀，尸体通过焚烧、化制、高温、硫酸分解等方法销毁处理。

（4）屠宰车间、工具和衣物等都应彻底消毒。

（5）工作人员应做好防护及卫生消毒，因为人也可以感染此病。

四、高致病性猪蓝耳病

蓝耳病又称猪的繁殖与呼吸综合征（PRRS），是由动脉炎病毒科中的猪繁殖与呼吸综合征病毒引起的猪的一种高度接触性传染病，不同年龄、品种和性别的猪均能感染。由国外传入我国，严重影响养猪业的传染病，以繁殖障碍、呼吸困难、耳朵蓝紫，并发其他传染病为主要特征。目前尚无特效治疗药物，因此，做好本病的预防十分必要。

（一）宰前临床检疫

（1）发热（体温可达40℃），昏睡，呼吸困难，咳嗽。

（2）双眼肿胀、结膜炎症，眼睑水肿。

（3）四肢末端、耳部、胸腹部皮肤暗红淤血斑点，后期出血点变紫色，特别是双耳发绀，呈蓝紫色（图5-22）。

（1）

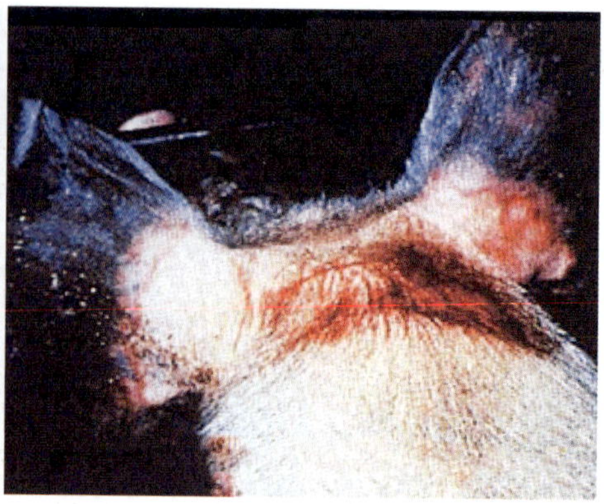

（2）

图5-22 耳部临床症状（猪蓝耳病）

（1）耳部出血点 （2）发病后期为蓝紫色

（二）宰后检验

解剖可见皮肤色淡似蜡黄，鼻孔有泡沫；气管、支气管充满泡沫，胸腹腔积水较多；肺出血肿大，肝变（图5-23）；肝肿大，胃有出血水肿；仔猪皮下水肿，体表淋巴结肿大，心包积液水肿（图5-24）。

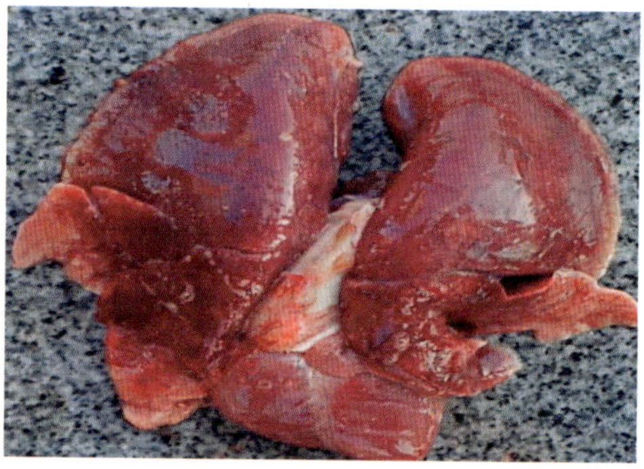

图5-23 肺出血肿大，肝变（猪蓝耳病）

（三）无害化处理

（1）处理流程 发现疫病，立即停止生产、限制移动、封锁现场，向有关部门报告疫情，在动物监管部门监督下进行无害化处理。

（2）宰前处理 病猪及同群猪运到指定的地点，采用不放血的方法扑杀，尸体通过焚烧、化制、高温、硫酸分解等方法销毁处理。

（3）宰后处理 病猪及同批次产品通过焚烧、化制、高温、硫酸分解等方法销毁处理。

未屠宰的同群猪运到指定地点，采用不放血方法扑杀，尸体通过焚烧、化制、高温、硫酸分解等方法销毁处理。

（4）全车间用10%氢氧化钠或30%漂白粉消毒，工具高温消毒（6h内）、接触人员做卫生防护，其工作服、靴子要立即消毒。

（5）填写疫情报告表，上报动物防疫监管部门，只有经上级主管部门检查合格后方可恢复生产。

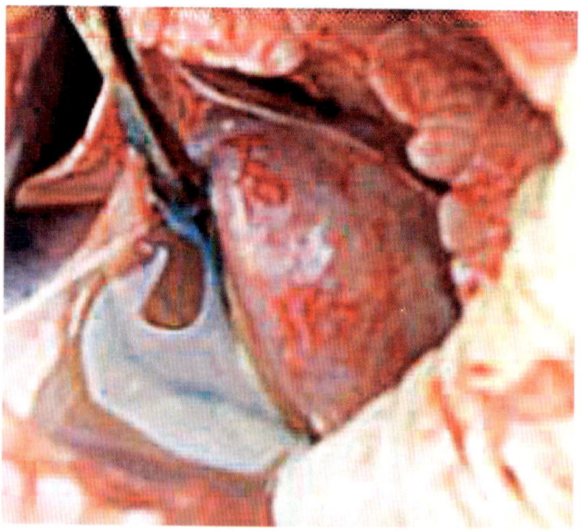

图5-24 心包积液，水肿（猪蓝耳病）

五、猪传染性水疱病

猪传染性水疱病是由猪水泡病病毒引起的一种急性、热性、接触性传染病。人也可感染。

（一）宰前临床检疫

猪群感染此病后，初期会出现跛行，突然拒食。接着体温升高到40～41℃，蹄部肿胀充血。不久在蹄冠、蹄叉、蹄踵、口和鼻端等部出现水疱，水疱内充满透明液体，破裂后形成溃疡（图5–25），严重者可引起蹄壳脱落。哺乳猪的乳头及四周有时也可出现水疱。

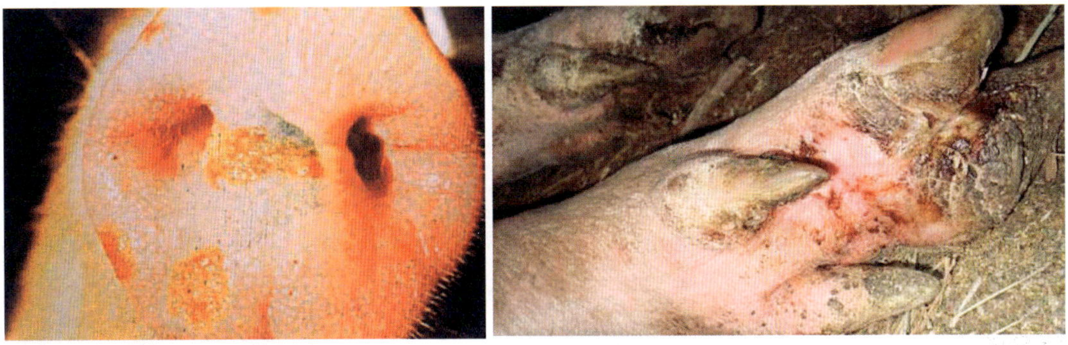

（1）　　（2）

图5–25　猪传染性水疱病临床症状

（1）鼻盘水疱溃烂　（2）蹄部水疱溃烂

（二）宰后检验

猪传染性水疱病特征性病变主要在蹄部、鼻盘、唇、舌面和乳房出现水疱。应与口蹄疫相区别。可采用酶联免疫实验鉴别诊断。

（三）无害化处理

（1）处理流程　发现病猪后停止生产，禁止移动，立即报告上级兽医主管部门，并在其指导下进行无害化处理。

（2）宰前处理　发现后，同群猪采用不放血方式捕杀，焚烧或深埋尸体。

（3）宰后处理　发现后并确诊，停止生产，同批次胴体、内脏及其他副产品焚烧处理。其他处理方式与口蹄疫方法相同。

（4）全车间用10%氢氧化钠或30%漂白粉消毒，工具高温消毒（6h内），接触人员做卫生防护，其工作服、靴子要立即消毒。

（5）只有经上级主管部门检查合格后方可恢复生产。

六、炭疽杆菌病

炭疽杆菌病是由炭疽杆菌引起的一种人畜共患的烈性传染病，临床特点是突发高热，可视黏膜发绀及天然孔出血，尸僵不全。牛、羊临床症状多为急性型和亚急性型，猪炭疽并多为慢性型的局部炭疽，通常症状不明显，宰后可见下颌及肠系膜淋巴结及肺等有病变。败血型极少。

（一）宰前临床检疫

慢性型猪炭疽宰前临床症状不明显，通常宰后剖检淋巴结时才发现。病畜患有咽炭疽和肠炭疽时，出现体温升高（41℃），精神不振，食欲下降，咽喉部有肿块，肿胀部位皮肤紫红色等症状（图5–26）。败血型炭疽病体温升高，可视黏膜发绀，粪便带血。人感染炭疽时局部红肿溃烂（图5–27）。

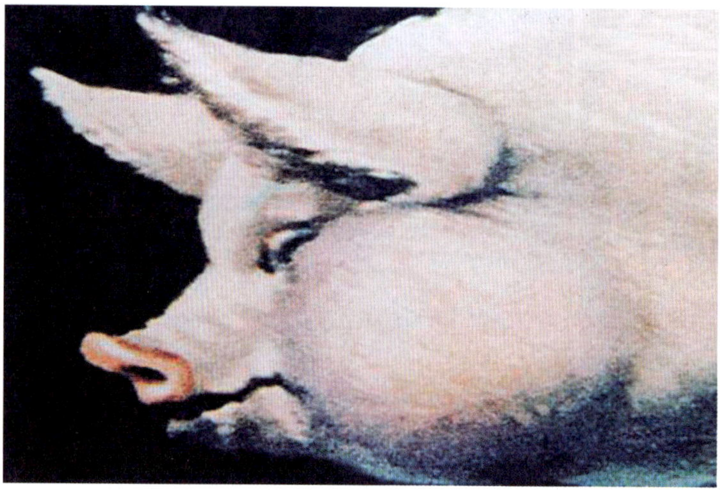

图5–26　颌下淋巴结肿大（猪炭疽）

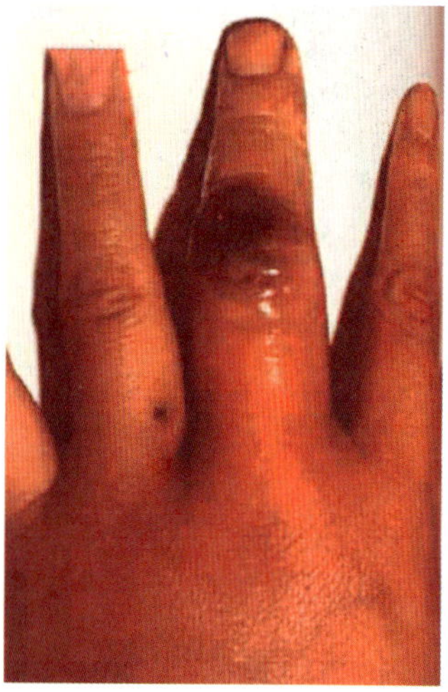

图5–27　皮肤红肿，溃烂（人炭疽）

（二）宰后检验

（1）咽炭疽（颌下淋巴结炭疽）

①颌下淋巴结肿大1～2倍，刀切有硬而脆的感觉、切面为均匀的深砖红色、质地粗糙无光泽上有暗红色或砖红色的凹陷坏死灶（图5–28），有时病变组织淋巴结与周围组织粘连，也可见有化脓灶。

②淋巴结周围有或多或少淡黄色的胶样浸润。

③病变有时发生在一侧的淋巴结或一组淋巴结的局部。

（2）肠炭疽　在肠系膜淋巴结上可见颌下淋巴结样的病变（图5–29），相应的肠壁上有暗红色的出血性，大小不一的坏死“痈”。

（3）肺炭疽　在左右支气管淋巴结上可见颌下淋巴结样病变，在相应的肺叶上可见大（3～5cm）小（1～2cm）不一的实变部“痈”呈砖红色或出血状，有淡黄色胶样浸润围绕，刀切较致密感，无弹性。

（4）败血型炭疽　在全身多处淋巴结发生上述病变，多处器官（胃、肠、脾等）出现出血性炭痈。

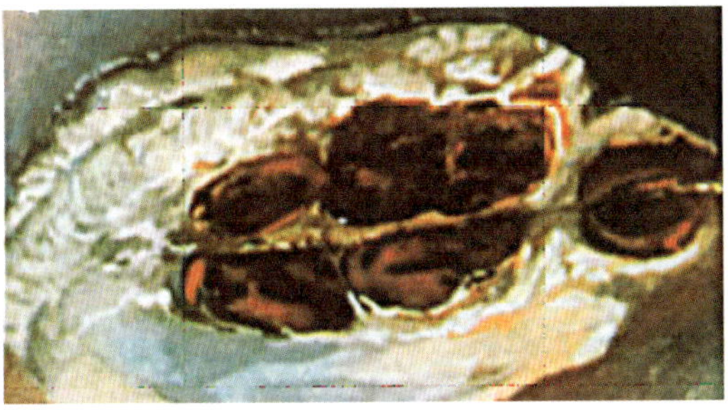

图5-28　淋巴结切面砖红色病灶（咽炭疽）

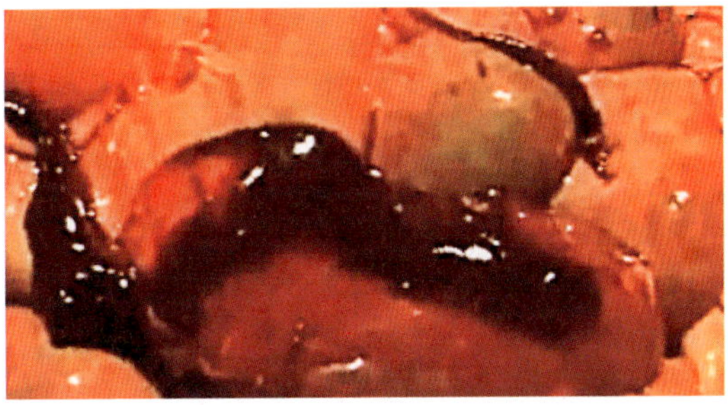

图5-29　肠系膜淋巴结肿大（肠炭疽）

（三）实验室检验

在生猪屠宰检验中，如果发现可疑炭疽杆菌病，可取样到实验室进行涂片染色，显微镜观察细菌形态，炭疽杆菌为两端平直的革兰阳性大杆菌。在体内细菌呈单个、成双或短链排列，有荚膜（图5-30），不产生芽孢。在体外细菌呈长链排列，无荚膜，产生芽孢。本菌无鞭毛。

在普通琼脂平板上长成灰白色、表面粗糙的菌落，低倍镜下可见菌落边缘呈卷发状（图5-31）。

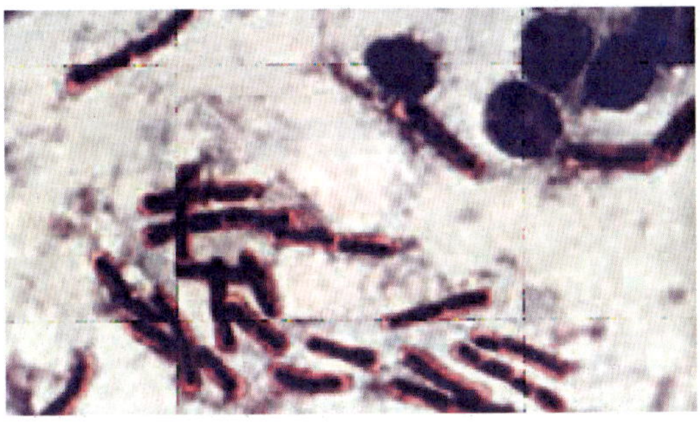

图5-30　淋巴结涂片革兰染色，炭疽杆菌形态

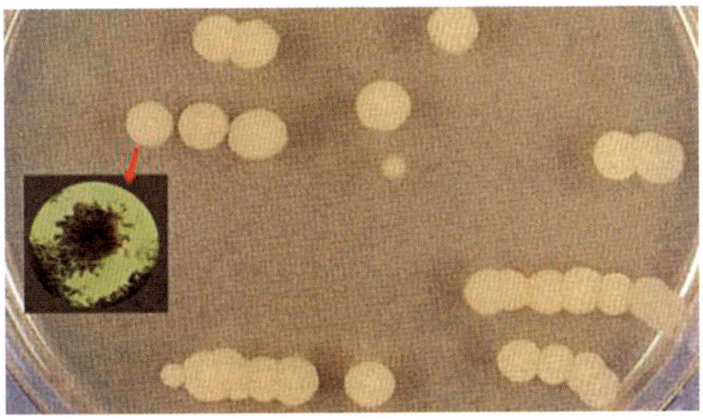

图5-31　平板培养炭疽杆菌菌落乳白色、放大镜下卷发状

炭疽杆菌对外界理化因素的抵抗力不强，但芽孢抵抗力很强，在干燥状态下可存活30～50年。干热150℃ 60min灭活，鬃毛上芽孢121℃高压需15min。现场消毒常用20%漂白粉，2%～4%甲醛，0.5%过氧乙酸。

（四）无害化处理

（1）处理流程　发现炭疽时，立即停止生产、限制移动、封锁现场，2h内向有关部门报告疫情，在动物监管部门监督下进行无害化处理。

（2）宰前处理　病猪及同群猪运到指定的地点，采用不放血的方法扑杀，尸体焚烧处理。

（3）宰后处理　病猪及同批次产品全部焚烧处理。禁止通过化制、高温、硫酸分解、深埋等方法处理尸体；禁止解剖尸体，必须全部焚烧处理。

（4）消毒措施　全车间用10%氢氧化钠或30%漂白粉消毒，工具高温消毒（6h内）、接触人员做卫生防护，其工作服、靴子要立即消毒。

（5）填写疫情报告表，上报动物防疫监管部门，只有经上级主管部门检查合格后方可恢复生产。

七、猪丹毒病

猪丹毒病是猪的一种急性、热性传染病，由猪丹毒杆菌引起。特征是急性病例为败血症变化，亚急性为皮肤疹块型，慢性多发生关节炎、心内膜炎。人也感染猪丹毒。

（一）宰前临床检疫

（1）急性败血型　体温升高达42℃以上，呈稽留热型，寒战，食欲废绝，间有呕吐。发病1～2d后，耳、胸腹及腿内侧等处皮肤出现红斑，有的互相融合成片，全身皮肤潮红（充血）称为“大红袍”（图5–32）。

（2）亚急性型（疹块型）　临床检疫猪颈、肩、胸、腹、背及四肢等处皮肤上出现形状多样的红疹块，疹块部皮肤坚硬，界限清楚，边缘部分色深，中央部分浅，指压褪色（图5–33）。病后期形成痂块，有的痂块自然脱落，留下缺毛的瘢痕，称为“恢复期丹毒”。

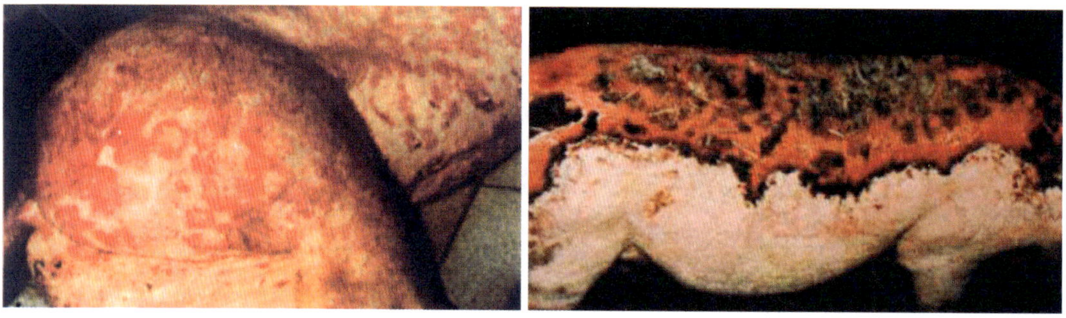

（1）　（2）

图5–32　急性猪丹毒皮肤症状

（1）皮肤出血斑　（2）“大红袍”症状

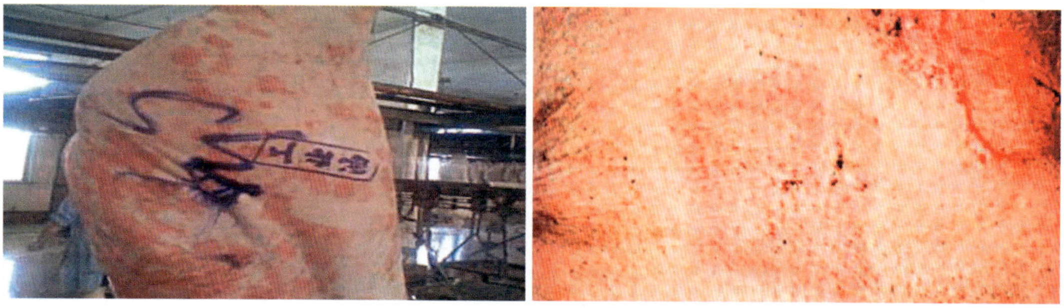

（1）　（2）

图5–33　亚急性猪丹毒皮肤症状

（1）皮肤出血　（2）红色疹块，边缘色深，中央浅

（3）慢性型

①四肢关节，特别是腕关节、肘关节发生肿胀，有热痛，并发生变形，出现跛行。患部皮肤出现成片坏死结痂，严重者整个耳廓、尾部坏死脱落。

②心内膜炎，呼吸困难，心律不齐，可视黏膜发绀。

（二）宰后检验

（1）急性型　宰后淋巴结肿大、多汁、潮红。肾脏肿大淤血，呈蓝紫色，表面有细长的出血点。脾脏急性肿大，呈樱桃红色，切面外翻，脾脏周围有红晕。胃肠黏膜出血性炎症（图5–34）。

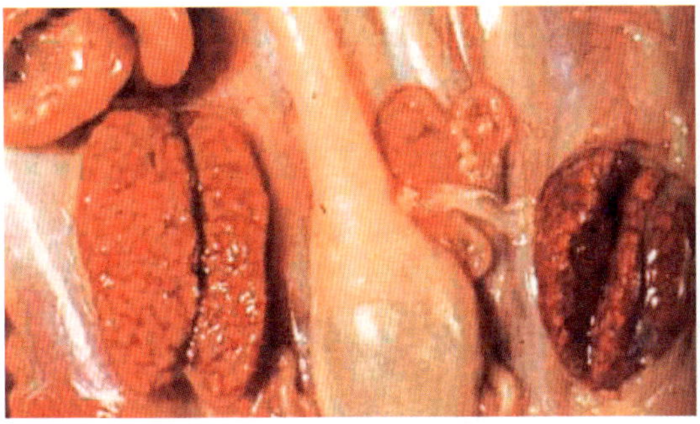

（1）

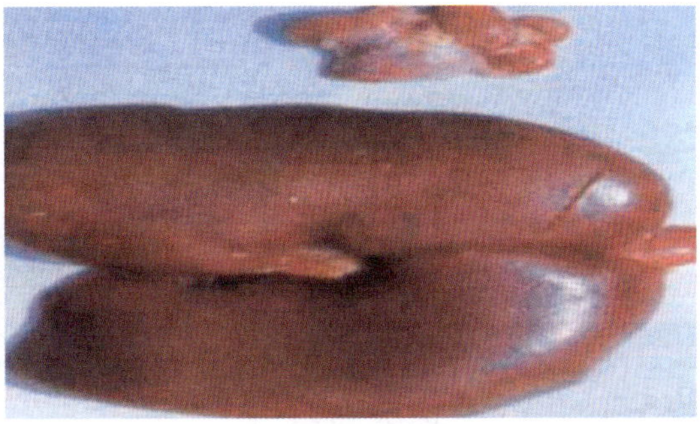

（2）

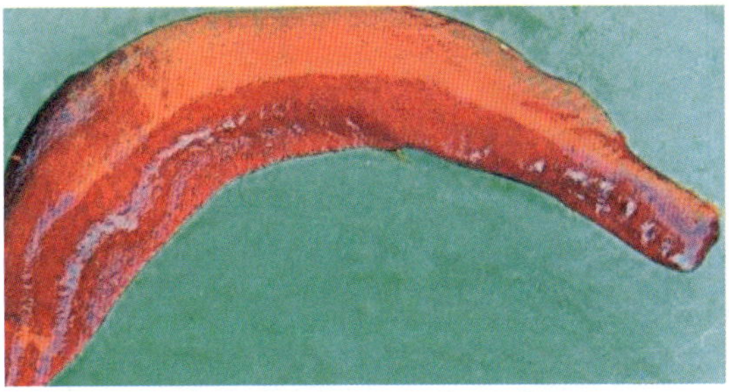

（3）

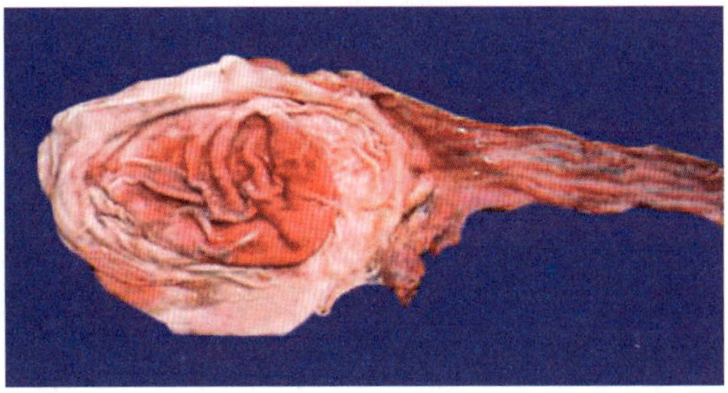

（4）

图5–34　急性型猪丹毒宰后症状

（1）淋巴结肿大，多汁　（2）肾脏肿大，淤血　（3）脾脏淤血肿大　（4）红色胃黏膜出血肿胀

（2）慢性型　主要表现在心内膜炎，特别二尖瓣有菜花样赘生物，灰白色、表面粗糙。关节黄色或红色浑浊积液（图5–35）。

（三）无害化处理

（1）宰前处理　发现病猪后，在官方兽医的指导下，通过焚烧、化制、高温、硫酸分解等方法销毁处理。同群猪隔离观察，体温正常的准予屠宰，异常的按病猪处理。

（2）宰后处理　发现病体猪，胴体表面做“标识”，经岔道送入病害胴体暂存间，上报官方兽医，确诊后出具《动物检疫处理通知单》，胴体、内脏和头蹄等用密闭容器送无害化处理间，通过焚烧、化制、高温等方法销毁处理。同时，做好人员的消毒防控事宜。

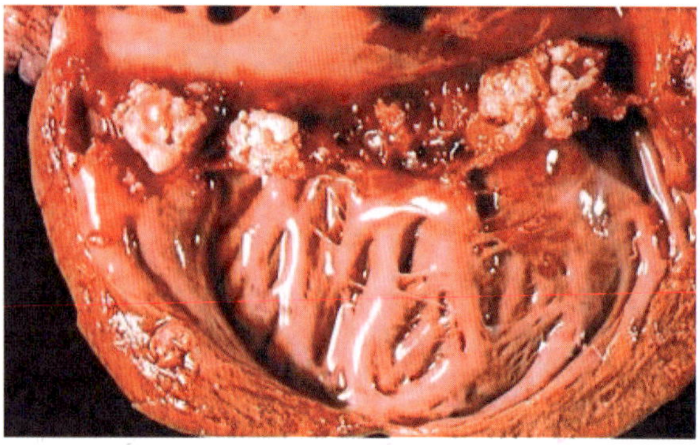

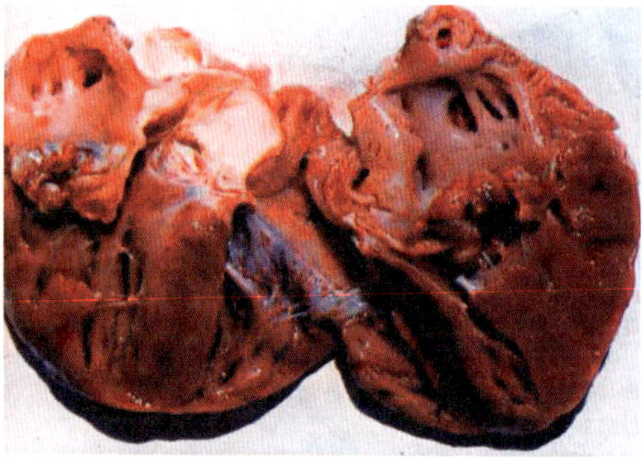

（1）　　（2）

图5-35　慢性猪丹毒宰后症状

（1）心内膜炎　（2）瓣膜有菜花样赘型物

八、钩端螺旋体病

钩端螺旋体病是由钩端螺旋体（图5-36）引起的一种自然疫源性的人畜共患传染病，在家畜中主要发生于猪、牛、犬，马、羊次之。可引起孕妇及母畜的流产或死胎。

（一）宰前临床检疫

（1）急性黄疸型　病猪体温升高，厌食，1～2d内眼结膜、巩膜黄染，甚至全身皮肤黏膜泛黄，尿呈浓茶样或血尿，病死率高。

（2）亚急性型和慢性型　呈地方流行性，体温升高，眼结膜潮红、黄染或苍白水肿，头、颈部或全身水肿黄染（图5-37），尿液呈茶色或血尿。妊娠母猪可发生流产，流产后的母猪无其他任何症状。

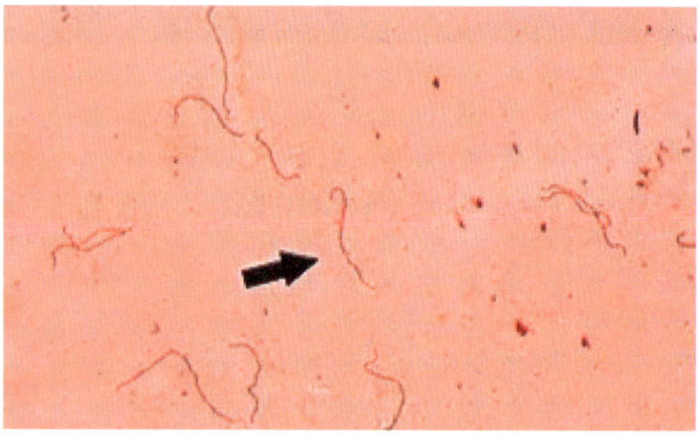

图5-36　钩端螺旋体病原体

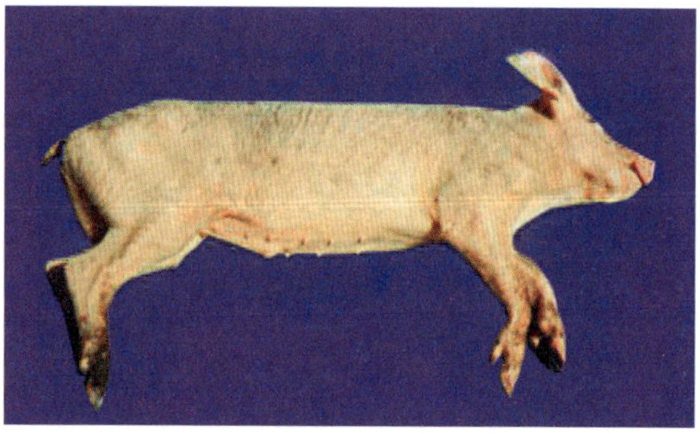

图5-37　全身皮肤黄染（钩端螺旋体病）

（二）宰后检验

（1）皮下脂肪、腹腔内脂肪及结缔组织、全身黏膜和胸腹膜均呈黄色（通常所说的黄疸黄脂肉），皮肤坏死（图5-38）。

（2）肺、肝、脾等脏器肿大有出血点。肺黄染肿大，胸腹部和四肢水肿（图5-39）。

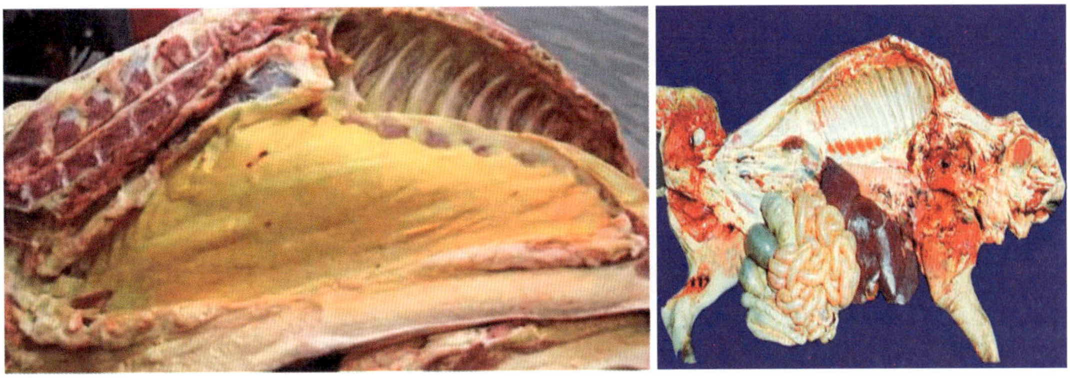

图5-38　钩端螺旋体病引起的黄脂肉

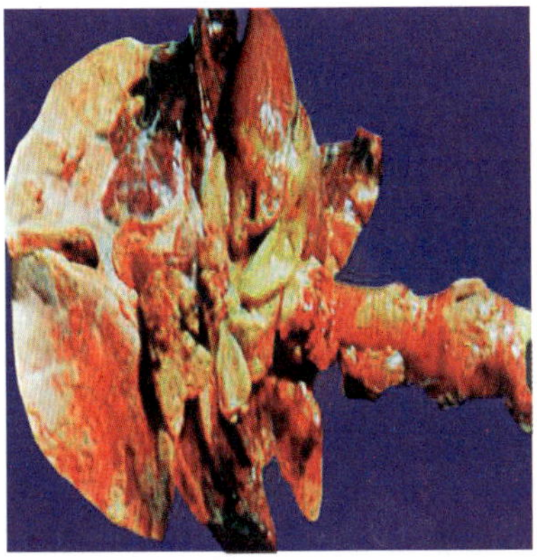

图5-39　肺脏肿大黄染（钩端螺旋体病）

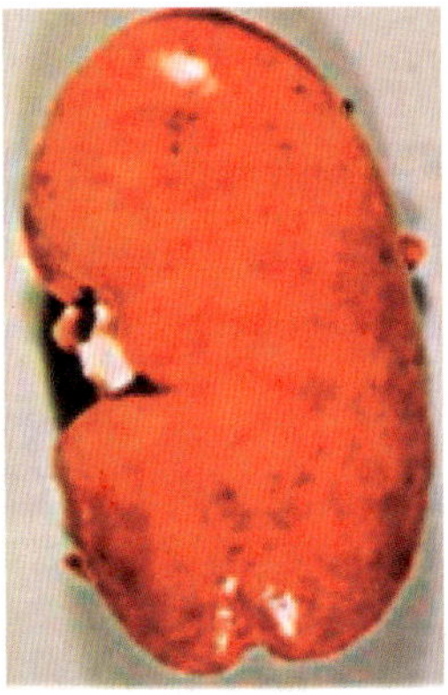

图5-40　肾脏出血（钩端螺旋体病）

图5-41　肝脏肿大，黄色（钩端螺旋体病）

（3）肾脏肿大、呈黄色、表面有出血斑点，散在灰白色病灶。肾皮质与肾盂周围出血（图5-40）。

（4）肝脏肿大，表面和切面呈黄褐色或土黄色、有出血灶，胆囊充满黏稠胆汁（图5-41）。

（三）实验室检验

确诊本病可采取血液、尿液制片作病原检查，暗视野直接镜检，或采肝、肾等病料制片后姬姆萨染色镜检，或镀银染色镜检，或者分离培养。

血清学检查常用的方法有凝集溶解试验、补体结合试验和间接荧光抗体试验等。

（四）无害化处理

（1）宰前处理　发现病猪后，处于急性期发热和表现高度衰弱的病畜，禁止屠宰，在官方兽医的指导下，用不放血方式如扑杀、焚烧、化制、高温等方法销毁处理。同群猪隔离观察，体温正常的准予屠宰，异常的按病猪处理。

（2）宰后处理　发现的病猪胴体和内脏，做“标识”，经岔道送入病害胴体暂存间，上报官方兽医，确诊后出具《动物检疫处理通知单》，胴体、内脏和头蹄等用密闭容器送无害化处理间，通过焚烧、化制、高温等方法销毁处理。同时，做好人员的消毒防控事宜。

九、猪肺疫（猪巴氏杆菌病）

猪肺疫是一种急性热性传染病，俗称“锁喉风”“肿脖瘟”。急性或慢性经过，以败血症和炎性出血为特征，咽喉部肿胀，高度呼吸困难。属于人畜共患病，被我国列为二类传染病。

（一）宰前临床检疫

（1）病猪体温升高达41℃以上，咽喉肿胀，坚硬；犬坐姿势，呼吸困难，伸须、张口、喘鸣，俗称“锁喉风”（图5–42）。

（2）口鼻流出白沫，有脓性眼屎（图5–42）。

（3）全身皮肤发绀或出血点（图5–43）。

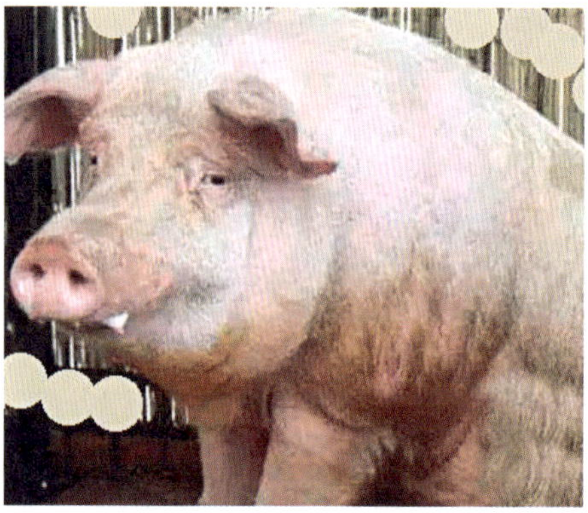

图5–42　犬坐姿势，呼吸困难，咳嗽，口有白沫（猪肺疫）

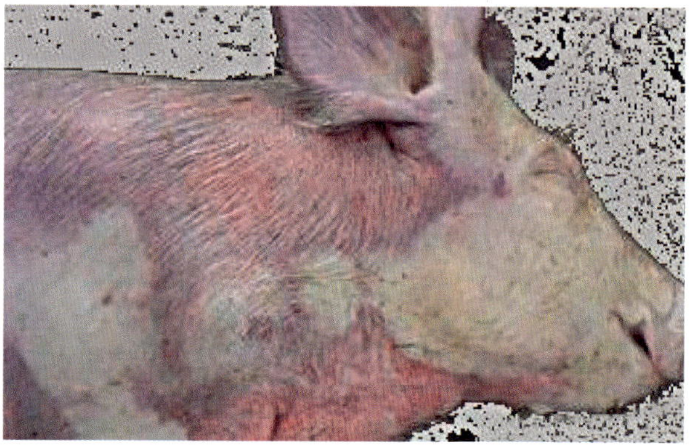

图5–43　皮肤出血发绀（猪肺疫）

（二）宰后检验

（1）全身皮肤有大小不一的出血斑点，特别在颈和前胸处最明显。

（2）淋巴结肿大，分散性出血。

（3）肾脏肿大、充血（棕红色）、有大小不一的出血斑点或出血环。

（4）肺脏是典型的大叶性肺炎，亦称纤维素性肺炎，分为充血期（图5–44）、红色肝变期（图5–45）、灰色肝变期、恢复期四期，整个肺脏变硬，称为“肝变”，色彩复杂，置入水中，下沉，由于是纤维素性的渗出物，故肺脏与胸膜极易粘连，不易剥离。

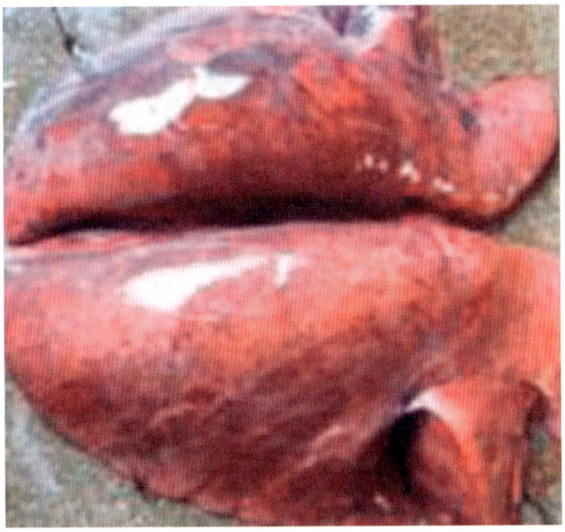

图5-44　肺脏充血，水肿期（猪肺疫）

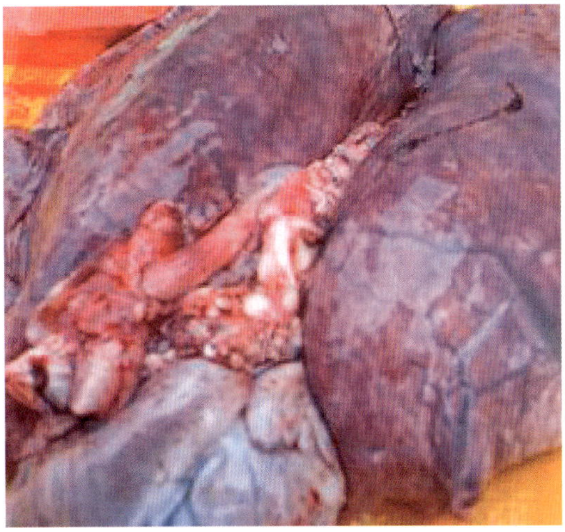

图5-45　红色肝变期（猪肺疫）

（三）无害化处理

（1）宰前处理　发现病猪后，在官方兽医的指导下，通过焚烧、化制、高温、硫酸分解等方法销毁处理。同群猪隔离观察，体温正常的准予屠宰，异常的按病猪处理。

（2）宰后处理　发现病体猪，胴体表面做“标识”，经岔道送入病害胴体暂存间，上报告官方兽医，确诊后出具《动物检疫处理通知单》，胴体、内脏和头蹄等用密闭容器送无害化处理间，通过焚烧、化制高温等方法销毁处理。

十、猪Ⅱ型链球菌病

猪Ⅱ型链球菌病是由猪Ⅱ型链球菌引起的一种人畜共患传染病。猪链球菌根据其荚膜抗原可分为35个血清型，常见的是猪Ⅱ型链球菌，该病被我国列为二类动物传染疾病。可表现为败血型、脑膜炎型和淋巴结脓肿型等类型。

（一）宰前临床检疫

（1）败血型　最急性者可突然死亡。病程稍长的病猪，体温升高达41℃，呈稽留热型。耳、颈、腹下皮肤及四肢末端出现紫红色血斑（图5-46）。病的后期表现呼吸困难，最终因心力衰竭死亡。

（2）脑膜炎型　病猪体温升高，出现共济失调、转圈、仰卧、四肢游泳状动作等神经症状。少数病猪出现多发性关节炎。

（3）关节炎型　病猪发生一肢或多肢关节肿胀，跛行，不能站立，严重者脚掌部位破溃，流出脓性渗出物，甚至形成瘘管。上述三型很少单独发生，多见混合发生或先后发生（图5-47）。

（4）化脓性淋巴结炎型　主要见于下颌淋巴结，其次是咽部和颈部的淋巴结。受到侵害的淋巴结高度肿胀，坚硬有热痛，可影响吞咽和呼吸，严重者肿胀部软化、破溃，流出脓液。

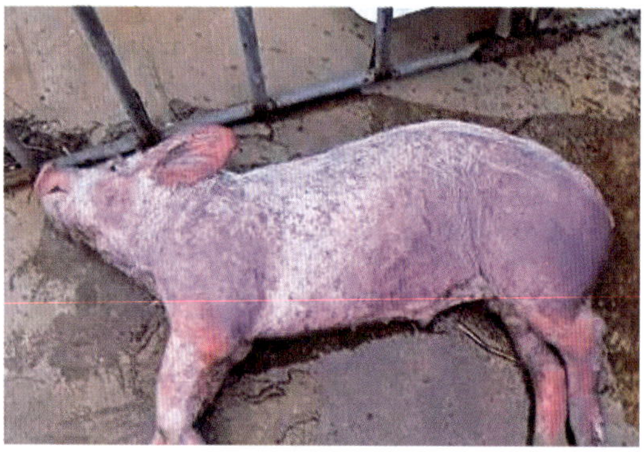

图5-46　败血型症状（猪Ⅱ型链球菌病）

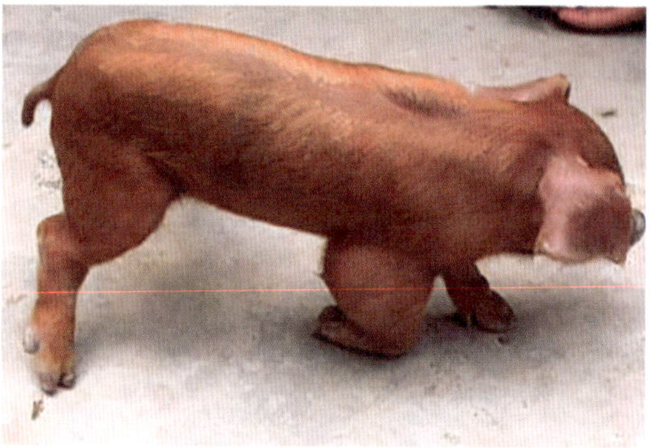

图5-47　关节炎型症状
（猪Ⅱ型链球菌病）

（二）宰后检验

（1）败血型　全身淋巴结充血、出血肿大。肺脏水肿，有化脓结节，脓肿灶内可见乳黄色脓汁（图5-48）。脾明显肿大，呈暗红或紫红色。肠系膜淤血，胸腹腔有积液，病程稍长者可见纤维素性胸膜炎和腹膜炎。心包积液，心外膜有弥漫性出血点，呈慢性经过者常见心脏瓣膜上有菜花样赘生物（图5-49）。肝脏体积增大，紫色严重淤血并有出血斑（图5-50）。肾脏淤血、紫色、微肿，表面有白色斑块（图5-51）。

（2）脑膜炎型　常见脑膜充血、出血。

（3）关节炎型　关节周围组织有多发性化脓灶。关节内有黄色胶冻状物或纤维素性脓性物质。

（4）化脓性淋巴结型　多见于颌下淋巴结，淋巴结肿大化脓。

（三）无害化处理

（1）宰前处理　发现病猪后，在官方兽医的指导下，通过焚烧、化制、高温、硫酸分解等方法销毁处理。同群猪隔离观察，体温正常的准予屠宰，异常的按病猪处理。

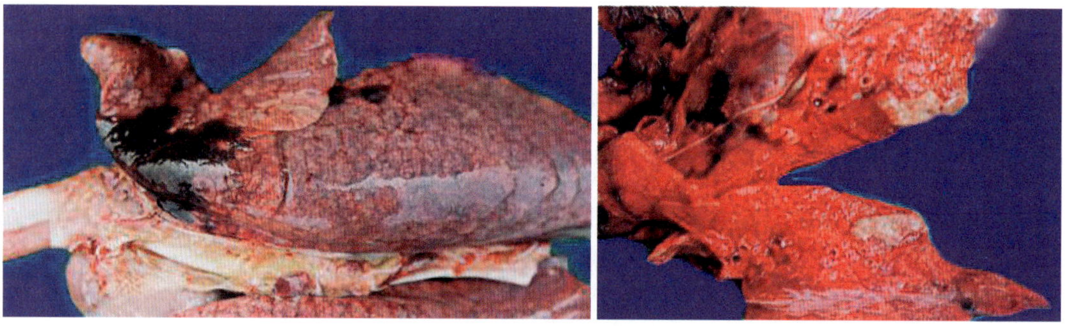

（1）　　（2）

图5-48　宰后肺脏症状（猪Ⅱ型链球菌病）
（1）可见肺脏肿大　（2）肺脏切面可见脓包

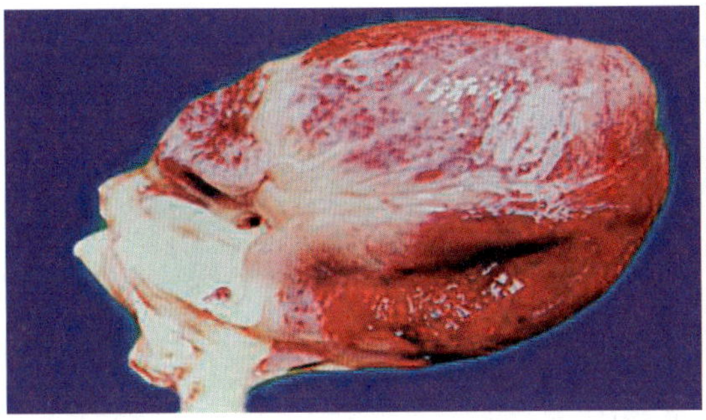
（1）

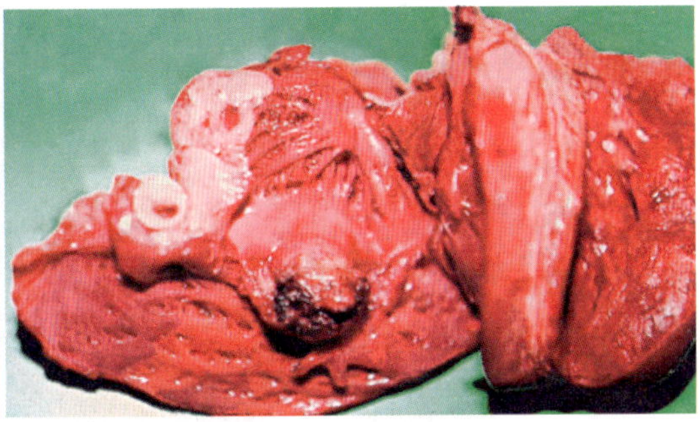
（2）

图5-49　宰后心脏症状（猪Ⅱ型链球菌病）

（1）心肌纤维呈红白条纹　（2）剖开后可见赘生物

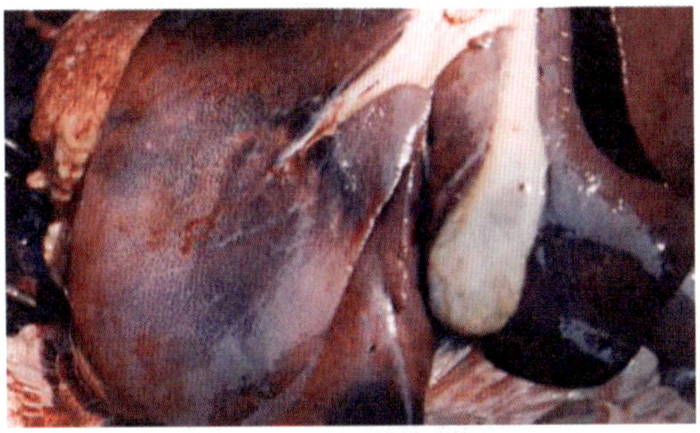
图5-50　宰后肝脏症状（猪Ⅱ型链球菌病）

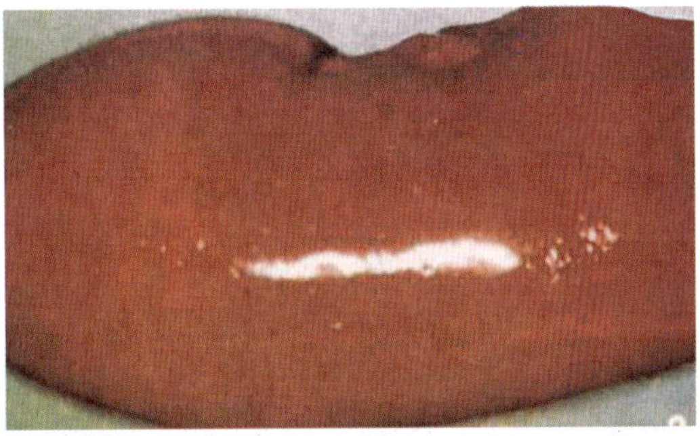
图5-51　宰后肾脏症状（猪Ⅱ型链球菌病）

（2）宰后处理　发现病体猪，胴体表面做“标识”，经岔道送入病害胴体暂存间，上报告官方兽医，确诊后出具《动物检疫处理通知单》，胴体、内脏和头蹄等用密闭容器送无害化处理间，通过焚烧、化制、高温等方法销毁处理。同时，做好人员的消毒防控事宜。

十一、猪副伤寒

猪副伤寒是由沙门属细菌病引起的一类人畜共患传染病的总称，又称猪沙门菌病；临床上主要以败血症和胃肠炎为主要特征，被我国列为三类动物疫病，并且是引起食物中毒的主要疾病之一。

（一）宰前临床检疫

本病是以皮肤发绀、顽固性腹泻为主要临床特征的猪消化道传染病。

（1）病猪高热40℃以上，怕冷，扎堆取暖，腹痛尖叫。

（2）耳朵和头、颈、腹等下部及四肢内侧皮肤发紫（图5-52）。

（3）眼结膜有胶状分泌物。

（4）便秘与下痢交替进行，以拉稀主，粪便灰白色、淡黄色或暗绿色，有恶臭，有时排便失禁，自然下流。病猪消瘦（图5-53）。

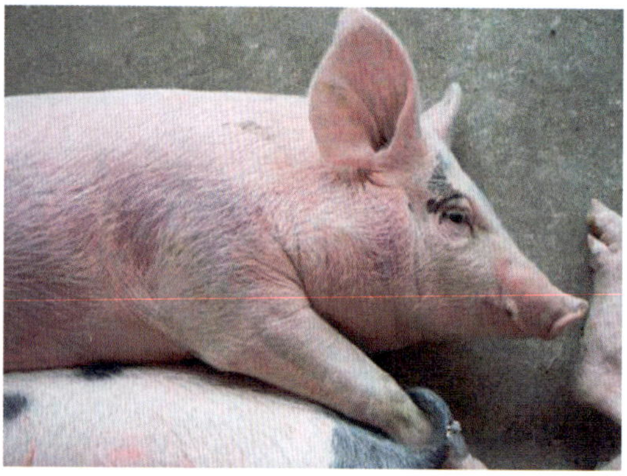

图5-52　头部及四肢症状（猪副伤寒）

图5-53　粪便症状（猪副伤寒）

（二）宰后检验

（1）全身淤血，皮肤有紫斑；全身浆膜、黏膜有出血点。

（2）肝肿大、淤血、点状出血，表面和切面有针尖至粟粒大的灰红色和灰白色的副伤寒结节（图5-54）。

（3）肾肿大，点状出血，肾盂和膀胱黏膜有出血点（图5-55）。

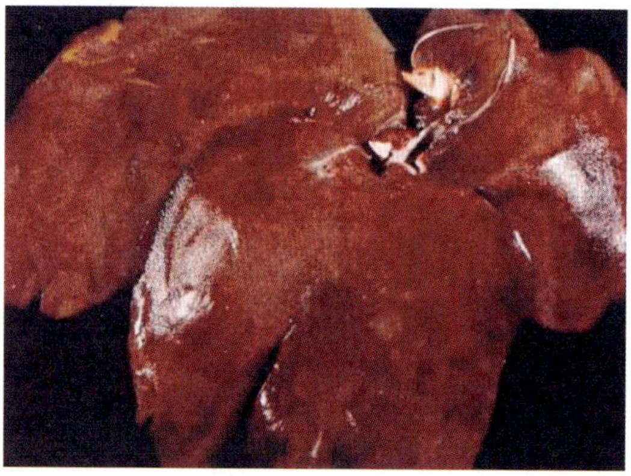

图5-54　宰后肝脏症状（猪副伤寒）

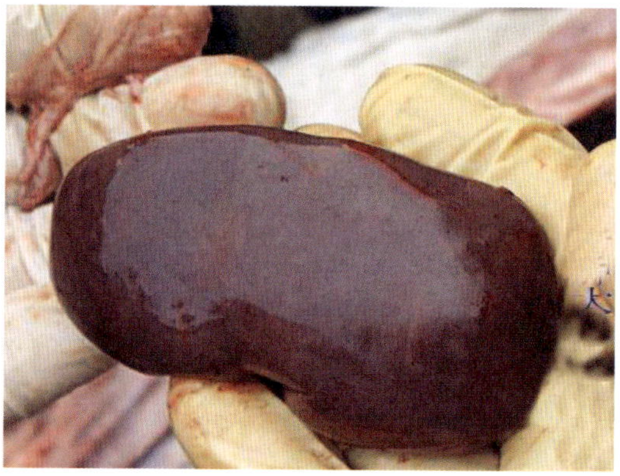

图5-55　宰后肾脏症状（猪副伤寒）

（4）脾肿大，坚硬，暗紫色，有出血点，切面有"红晕"现象。小肠壁非常薄，紫红色，内含大量气体，肠壁有点状出血（图5-56）。

（5）全身淋巴结肿大、出血。急性副伤寒肠系膜淋巴结肿大明显；慢性副伤寒肠系膜、咽后、肝门淋巴结明显肿大，切面呈灰白色脑髓样结构。

（6）慢性副伤塞盲肠、结肠黏膜覆盖灰黄或淡绿色糠麸样假膜（图5-57）、脱落后可形成溃疡。

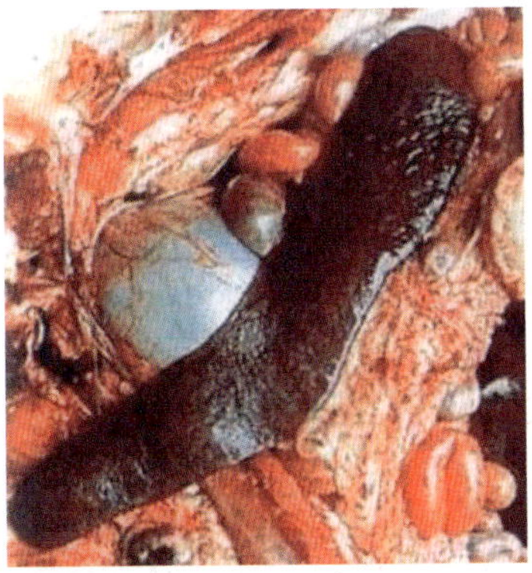

图5-56　宰后脾、小肠症状（猪副伤寒）

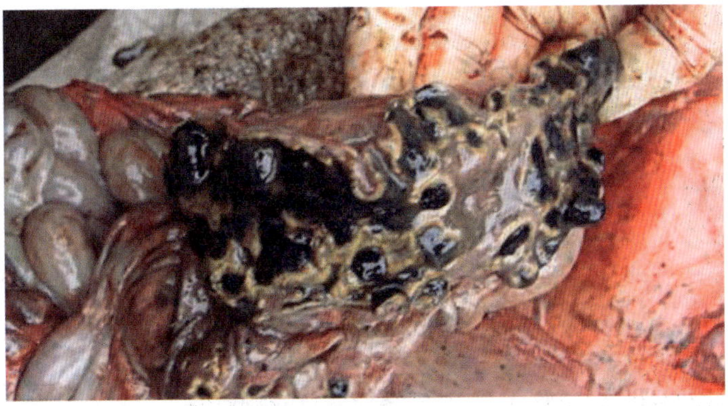

图5-57　宰后盲肠症状（猪副伤寒）

（三）实验室检验

须采取病畜血液、脾、肝、淋巴结等病料进行沙门菌的分离和鉴定。

鉴别诊断：猪副伤寒应与猪瘟、猪痢疾所引起的坏死性肠炎相区别。

（四）无害化处理

（1）宰前处理　发现病猪后，在官方兽医的指导下，通过焚烧、化制、高温、硫酸分解等方法销毁处理。同群猪隔离观察，体温正常的准予屠宰，异常的按病猪处理。

（2）宰后处理　发现病体猪，胴体表面做“标识”，经岔道送入病害胴体暂存间，上报告官方兽医，确诊后出具《动物检疫处理通知单》，胴体、内脏和头蹄等用密闭容器送无害化处理间，通过焚烧、化制高温等方法销毁处理。

十二、猪支原体肺炎

猪支原体肺炎，又称“猪气喘病”或“猪地方流行性肺炎”，是由猪肺炎支原体引起的一种慢性呼吸道传染病。被我国列为二类动物疫病。

（一）宰前临床检疫

病猪呼吸困难，用力连续咳嗽数次，咳嗽时低头伸颈、张口喘气、腰背拱起，伴有喘鸣声，时发阵咳，腹式呼吸或犬坐姿势（图5-58）。

（二）宰后检验

本病的主要病变在肺脏、肺门淋巴结和纵隔淋巴结。

（1）两肺高度膨胀，呈现严重水肿和气肿，几乎充满整个胸腔，有肋压痕（图5-59）。

（2）肺尖叶、心叶、中间叶、膈叶的前下部，形成左右对称的淡红色或灰红色，半透明状，界限明显，似鲜嫩肌肉样病变，俗称“肉变”（图5-60）。病程延长后，病变部位颜色似胰脏的颜色，称为“胰样变”（图5-61）。

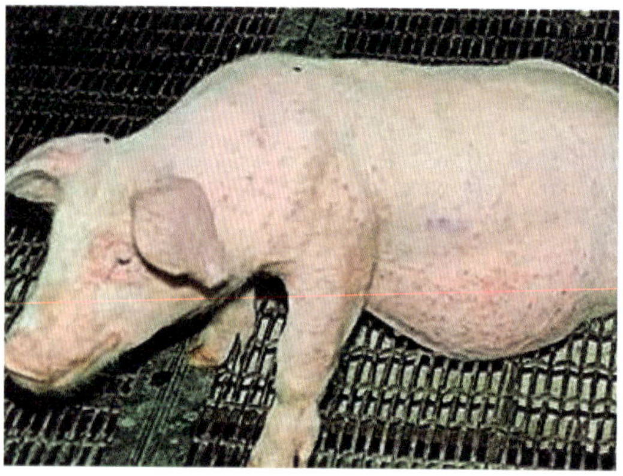

图5-58　病猪呼吸道症状（猪支原体肺炎）

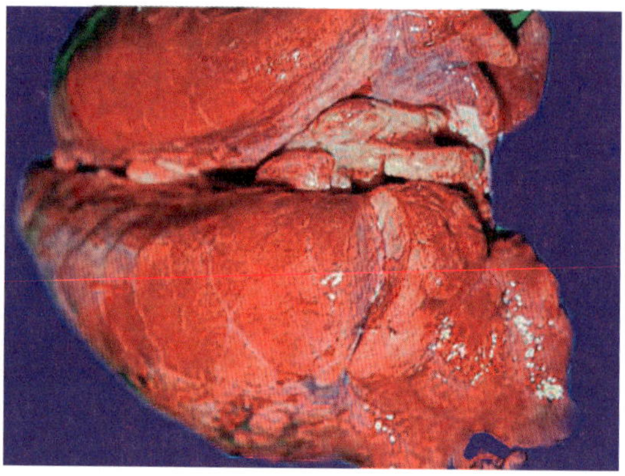

图5-59　宰后肺脏症状（猪支原体肺炎）

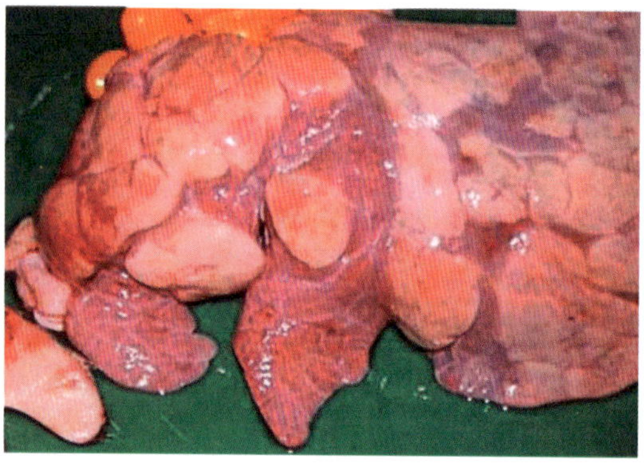

图5-60　宰后肺脏“肉变”（猪支原体肺炎）

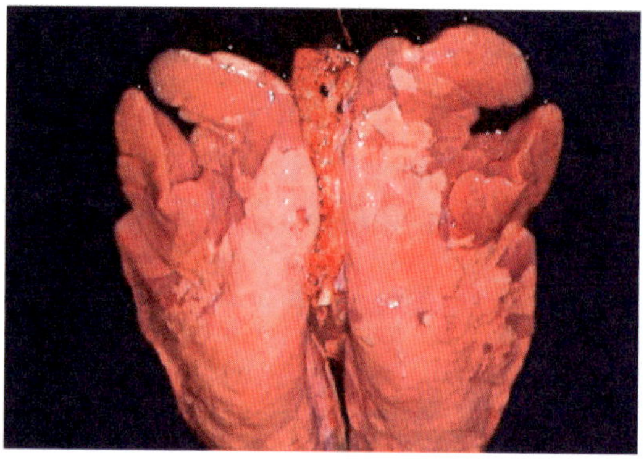

图5-61　宰后肺脏“胰变”（猪支原体肺炎）

（3）肺门、支气管淋巴结和纵隔淋巴结显著肿大，质地坚实，切面灰白色。

（三）无害化处理

（1）宰前处理　发现病猪后，隔离观察，在官方兽医的指导下，通过焚烧、化制、高温、硫酸分解等方法销毁处理。同群猪隔离观察，体温正常的准予屠宰，异常的按病猪处理。

（2）宰后处理　发现病体猪，胴体表面做“标识”，经岔道送入病害胴体暂存间，上报告官方兽医，确诊后出具《动物检疫处理通知单》，胴体、内脏和头蹄等用密闭容器送无害化处理间，通过焚烧、化制高温等方法销毁处理。

十三、猪副嗜血杆菌病

猪副嗜血杆菌病又称多发性纤维素性浆膜炎和关节炎，也称格拉泽氏病。是由猪副嗜血杆菌引起的。该病常和猪瘟、圆环病毒病混合感染。被我国列为二类传染病。

（一）宰前临床检疫

（1）病猪表现为发热（体温40～42℃）、食欲不振、倦怠、呼吸困难、肌肉震颤，常见于腕跗关节肿大、跛行，3～4d恶化死亡。

（2）病初皮肤发红，中期耳朵、四肢、尾部皮肤有紫斑，皮肤苍白毛孔出血，后期皮肤发黄（图5–62）。尿呈茶褐色，血红蛋白尿。镜检红细胞变形、破裂。

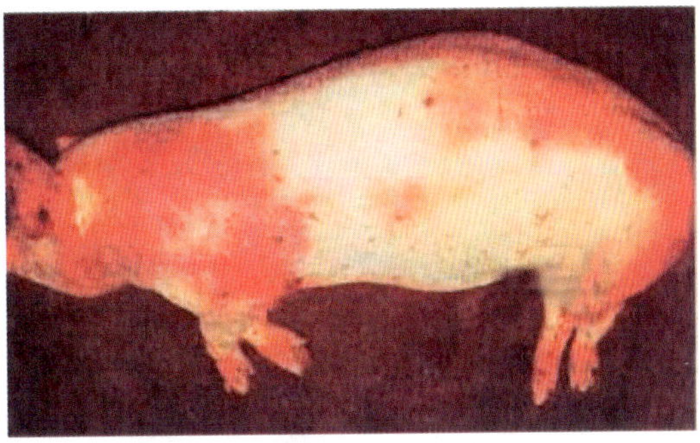

图5–62　病猪初期症状（猪副嗜血杆菌病）

（二）宰后检验

（1）宰后病理特点是纤维素性渗出胸膜炎，包括心包、肺脏、肝、肠、腹膜都有纤维素性渗出形成的薄膜（图5–63）。

（2）心外膜有纤维素性渗出物，心包积液、粗糙、增厚，形成“绒毛心”和心包粘连（图5–64）。

（3）关节炎，关节肿大，关节面附有白色纤维蛋白，关节囊有浑浊积液，含黄绿色纤维素性渗出物（图5–65）。

（4）肺可有间质水肿、粘连，腹腔积液，肝脾肿大、与腹腔粘连（图5–66）。

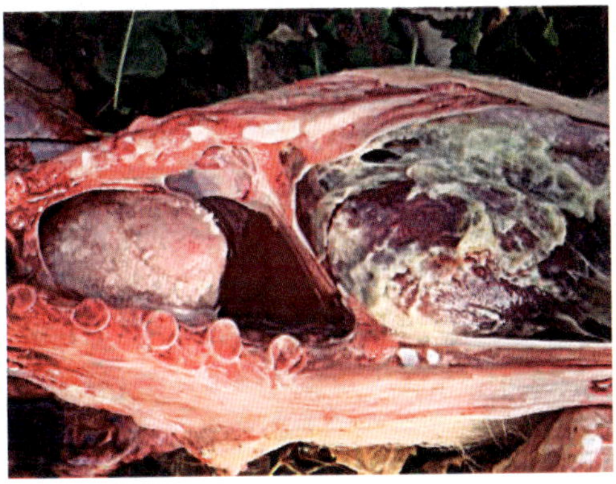

图5–63　剖检可见大量纤维素性薄膜（猪副嗜血杆菌病）

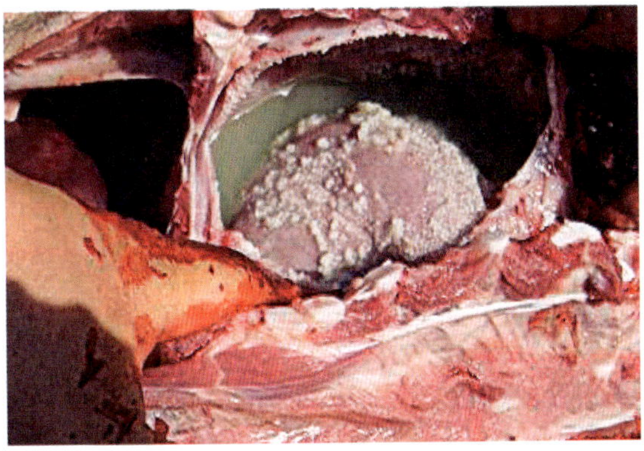

图5–64　宰后心脏症状（猪副嗜血杆菌病）

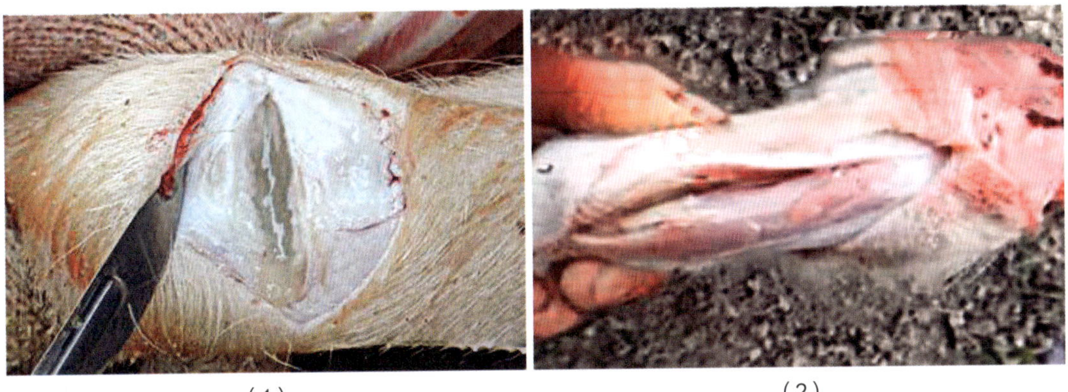

（1）　（2）

图5–65　宰后关节症状（猪副嗜血杆菌病）

（1）关节肿大　（2）关节囊积液

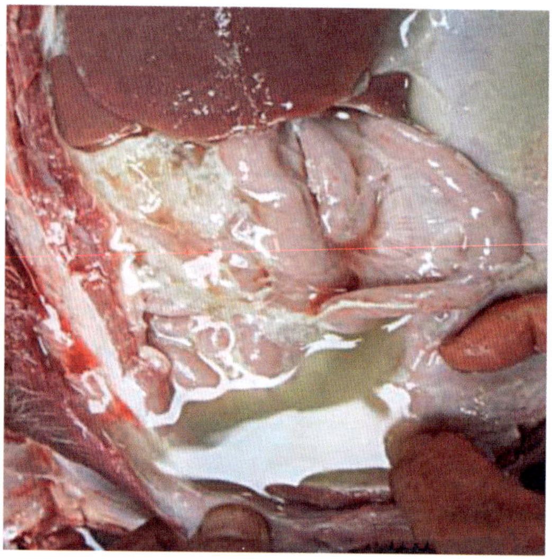

图5-66　宰后腹腔症状（猪副嗜血杆菌病）

（三）无害化处理

（1）宰前处理　发现病猪后，在官方兽医的指导下，通过焚烧、化制、高温、硫酸分解等方法销毁处理。同群猪隔离观察，体温正常的准予屠宰，异常的按病猪处理。

（2）宰后处理　发现病体猪，胴体表面做“标识”，经岔道送入病害胴体暂存间，上报告官方兽医，确诊后出具《动物检疫处理通知单》，胴体、内脏和头蹄等用密闭容器送无害化处理间，通过焚烧、化制高温等方法销毁处理。

第六章　生猪宰前宰后检验检疫与处理

按照农牧发［2019］2号《生猪产地检疫规程》、农牧发［2019］2号《生猪屠宰检疫规程》、GB/T 17996—1999《生猪屠宰产品品质检验规程》规定生猪屠宰检验检疫有六大环节：验收检验、待宰检验、送宰检验、屠宰检验、急宰检验、实验室检验。

第一节　生猪宰前检验检疫及处理

一、生猪入厂检疫的程序

（一）入厂前的检疫

（1）向货主索要证明《动物检疫合格证明》（动物A/动物B）。仔细查验二维码和编号，以防假证（图6–1和图6–2）。

（2）查看生猪数量、必须货证相符。查验有无耳标、观察生猪精神状态、有无死亡，如有死猪应查明死亡原因后进行无害化处理。

（3）检疫人员检疫完后要留存《动物检疫合格证明》，并做好记录。

（4）做到四不准进厂　无证、无耳标、有病猪、有死亡猪的不准进厂。

动物检疫合格证明（产品A）

编号：

货主		联系电话	
产品名称		数量及单位	
生产单位名称地址			
目的地	省　市（州）　县（市、区）		
承运人		联系电话	
运载方式	□公路　□铁路　□水路　□航空		
运载工具牌号		装运前经＿＿＿＿消毒	

第一联　共二联

图6–1 《动物检疫合格证明》示例（动物A）

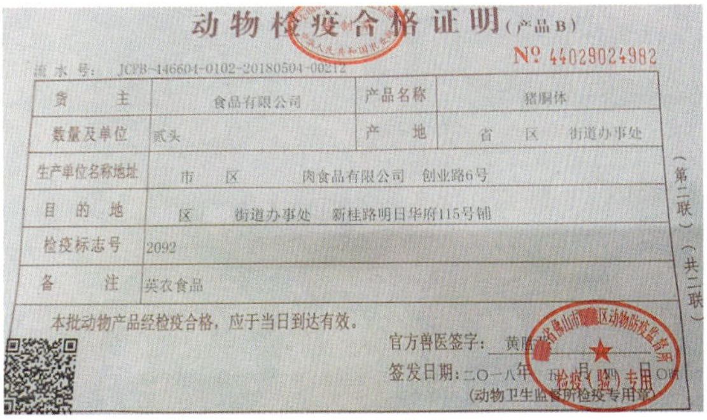

动物检疫合格证明（产品B）

№ 44029024982

流水号：JCPB-446604-0102-20180504-00212

货主	食品有限公司	产品名称	猪胴体
数量及单位	贰头	产地	省　区　街道办事处
生产单位名称地址	市　区　肉食品有限公司　创业路6号		
目的地	区　街道办事处　新桂路明日华府115号铺		
检疫标志号	2092		
备注	英农食品		

本批动物产品经检疫合格，应于当日到达有效。

官方兽医签字：黄[illegible]

签发日期：二〇一八年　月　日

（动物卫生监督所检疫专用章）

（第二联）（共二联）

图6–2 《动物检疫合格证明》示例（动物B）

（5）运输车消毒入厂　运输车辆要缓慢通过与门同宽、大于4m长、深20～30cm的消毒池，池内有15cm深的1%～2%氢氧化钠消毒液，用以洗消车轮，同时喷淋车体和猪体消毒。

（二）卸车过程中的检验检疫、病健分离

（1）卸车时的检疫　卸车船时，让猪顺利的通过赶猪道（宽1.2～1.5m，高1m），检验人员必须逐头观察活猪的健康状况，查看行走步态、被毛状况、皮肤有无出血点（面）、呼吸状况、蹄部及唇部有无水疱烂斑等。

（2）卸车后的检疫　让猪首先进入缓存间，用20～25℃的水对猪进行冲洗，去掉身上的粪污，进一步查验猪的健康状况；冲洗后的猪更容易检测皮肤病变、外伤，对可疑病猪实施隔离（图6–3）。

（3）“瘦肉精”快速抽检　卸车后，在3～5头猪上做好“标记”（每批猪按5%抽捡猪的尿液，批次少于100头的抽检数不少于3头），接取猪的尿液进行“瘦肉精”快速检测（图6–4）。检测阴性的准予进入静养圈静养，“瘦肉精”检测阳性的上报主管部门，并封存保留尿样，以便复检。复查后确认为阳性的，该批猪做销毁处理。

图6–3　冲洗猪身上的污物

图6–4　猪尿液瘦肉精快速检测

（4）根据检查结果按货主和批次进行分圈、编号，健康猪赶入待宰圈休息静养12～24h。不同货主、不同批次的猪不得混养。

（5）对检出的可疑病猪，赶入隔离圈，继续观察；经过饮水和充分休息后，恢复正常的，可以赶入待宰圈。症状仍不见缓解的，属于国家规定的一类和二类传染病以外的病猪及伤残猪送急宰间处理。

（6）车辆出厂时消毒　监督货主在卸载后对运输工具及相关物品等进行消毒后方可离厂，车辆冲洗后常用戊二醛消毒液消毒。

二、待宰管理及检疫

（一）静养管理

（1）静养期间，要给予猪充分的饮水，宰前3h停止饮水。

（2）巡视检疫　静养期间管理人员要每2h巡视检查一次（图6–5），查看猪的静、动、饮水、声音、皮肤及蹄部等状况有无异样。如发现病猪或疑似病猪，应告知官方兽医并开具“隔离通知书”，进行隔离观察；有群体性发病时应及时上报上级兽医主管部门进行检疫，确诊后按相关规定相应处理。

图6–5　巡视检疫

（二）待宰检验检疫及临床诊断

（1）应激综合征　因长途运输、天气炎热、长时间站立、不能饮水等原因，生猪在卸车时会发现应激综合征（图6–6）。主要表现为肌肉僵直，特别是后肢僵直，不能站立或站立不稳。宰后可能会出现PSE肉、DFD肉、背肌坏死、臀肌坏死等现象。

图6–6　应激综合征

（2）待宰检验主要防控的传染病为口蹄疫、猪瘟、非洲猪瘟、高致病性猪蓝耳病、炭疽、猪丹毒、猪肺疫、副猪嗜血杆菌病等，其临床诊断如下。

①出现发热、精神不振、流涎；蹄冠、蹄叉、蹄踵部出现水疱，水疱破裂后表面出血，然后形成暗红色烂斑，感染后化脓、坏死、蹄壳脱落，卧地不起；鼻盘、口腔黏膜、舌、乳房出现水疱和糜烂斑等症状的，可怀疑感染口蹄疫。

②出现高热、倦怠、食欲不振、精神委顿、弓腰、腿软（站立不稳）、行动缓慢；间有呕吐，便秘腹泻交替；可视黏膜充血、出血或有不正常分泌物、发绀；鼻、唇、耳、下颌、四肢、腹下、外阴等多处皮肤点状出血，指压不褪色等症状的，可怀疑感染猪瘟。

如果突然死亡，死亡率75%～100%，怀疑感染非洲猪瘟。

③出现高热；眼结膜炎、眼睑水肿；咳嗽、气喘、呼吸困难；耳朵、四肢末梢和腹部皮肤发绀；偶见后躯无力、不能站立或共济失调等症状的，怀疑感染高致病性猪蓝耳病。

④出现高热稽留；呕吐；结膜充血；粪便干硬呈粟状，附有黏液，下痢；皮肤有红斑、疹块，指压褪色等症状的，怀疑感染猪丹毒。

⑤出现高热；呼吸困难，继而哮喘，口鼻流出泡沫或清液；颈下咽喉部急性肿大、变红、高热、坚硬；腹侧、耳根、四肢内侧皮肤出现红斑，指压褪色等症状的，怀疑感染猪肺疫。

⑥咽喉、颈、肩胛、胸、腹、乳房及阴囊等局部皮肤出现红肿热痛，坚硬肿块，继而肿块变冷，无痛感，最后中央坏死形成溃疡；颈部、前胸出现急性红肿，呼吸困难、咽喉变窄，窒息死亡等症状的，怀疑感染炭疽。

⑦表现为发热、食欲不振、倦怠、呼吸困难、肌肉震颤，常见于腕跗关节肿大、跛

行，进一步恶化死亡。这种病猪宰后病理特点是渗出性浆膜炎、关节炎和胸膜肺炎等，可怀疑感染副猪嗜血杆菌病。

（三）待宰检疫及处理

（1）准宰　经过12～24h的静养后，屠宰前6h向行政兽医检疫部门申报检疫，填写检疫申报单，官方兽医接到检疫申报后，屠宰前2～3h内检疫人员进行群体检查，经检疫确认健康合格的猪，出具《宰前检验合格证明》或《准宰通知单》，即可送宰。

《准宰通知单》注明货主、批次、头数，屠宰车间凭证屠宰。

（2）禁宰

①凡确认患病屠畜属于口蹄疫、猪瘟、猪水疱病、高致病性蓝耳病、炭疽的，封锁现场，禁止屠宰，出具《禁宰证明》，病猪采用不放血方式扑杀，按照《中华人民共和国动物防疫法》《重大疫情动物应急条例》、农医发［2018］22号《动物疫情报告管理办法》及农医发［2017］25号《病死及病害动物无害化处理技术规范》等实施（处理方法详见第五章第二节猪瘟、猪炭疽的无害化处理）。

②发现患有猪丹毒、猪肺疫、猪Ⅱ链球菌病、副猪嗜血杆菌病、支原体肺炎、猪副伤寒的按照农医发［2017］25号《病死及病害动物无害化处理技术规范》进行无害化处理。

③另外无准宰证明的、修药期内的、无耳标的、注水或注入其他异物的、死因不明的病死猪禁宰。死猪不得冷宰和剖检，更不能食用，要直接送往无害化处理间进行无害化处理。

（3）急宰　确认一般疾病且不危害肉食生物安全濒临死亡的、伤残的猪可出具《急宰证明》。在检验过程中发现难以确诊的病猪时，要及时向检验负责人汇报并进行会诊。

（4）缓宰　临床健康检查后，需要进一步作实验室检查或有规定需延迟宰杀的动物（免疫注射期，饲喂违禁药品等），或确认为一般传染病或普通病，且有治愈希望者，应予缓宰。

（5）死畜尸的处理　凡在运输途中或宰前饲养管理期间不明原因死亡的，一律销毁。

（四）温和赶猪、福利宰杀

（1）生猪从待宰圈赶往淋浴间或屠宰间时应温和驱赶，不得用棒打、电麻、脚踢等粗暴法赶猪，尽量让猪悠然通过赶猪道进入淋浴间或屠宰车间。

（2）文明福利宰杀的好处　温和驱赶，避免猪受到惊吓刺激，既有利于刺杀放血完全，又可减少PSE肉、DFD肉、肌肉淤血坏死现象的产生。实践证明，严格按照福利要求屠宰，生产的肉色泽好，口感及香味好于粗暴宰杀的猪肉，易于储存，货架期也长。

（五）淋浴

按照农牧发［2019］2号《生猪屠宰检疫规程》的要求，生猪进入屠宰车间前需进行淋浴，用20℃（夏季）或30℃（冬季）的温水淋浴猪体，去掉猪体表面的污物，使猪安定温顺，水淋后也易于麻电。

（六）圈舍消毒

生猪屠宰后，使用的屠宰间、隔离间要及时进行清扫、清洗、消毒，每周1～2次，用2%～3%氢氧化钠对圈舍进行消毒。猪的排泄物按规定进行无害化处理。

三、急宰后的检验与处理

宰前检验检疫期间，发现的濒临死亡，官方兽医确认为无碍于食肉安全的猪，开具《急宰证明》，送往急宰间实施急宰。急宰时要进行认真检验，发现疫病时按照《病死及病害动物无害处理技术规范》（农业部2017年7月3日）的规定实施无害化处理。

四、实验室检验

怀疑患有农牧发［2019］2号《生猪屠宰检疫规程》规定的14种猪病，或临床发现其他异常情况的猪，要采样进行实验室检验，并出具检测报告。实验室必须是由主管部门指定的有资质的实验室承担。

第二节　生猪屠宰检验的组织与技术

一、生猪屠宰过程中的统一编号

按照农牧发［2019］2号《生猪屠宰检疫规程》和GB/T 17996—1999《生猪屠宰产品品质检验规程》的规定，屠宰猪时要同步检疫、统一编号，便于检验与查验。如果发现疫病可以找到统一猪体的胴体、内脏、头蹄等所有组织器官，集中进行无害化处理。属于恶性传染病的，可通过猪的来源（耳标号、动物产地检疫证明）报告上级主管部门，按有关规定进行处理。

（一）有同步轨道的编号方法

有同步检验轨道的企业，胴体编号后可与屠宰操作相对应，对同一头猪的内脏、胴体等进行同步检疫。由于胃、肠、脾和心、肝、肺与胴体是同步运行和同步检验，所以，胃、肠、脾和心、肝、肺可以不用分别编号，与胴体同号；编号的方法有贴纸条法、吊钩编号法、电烙法、记号笔法等。头、蹄的编号要视下列不同情况而定：

（1）头、蹄在同步轨道之前摘除的（如剥皮猪），除胴体、膈脚肌要编号外，摘下的头、蹄也要编同号。

（2）头、蹄在劈半复验之后摘除的，即实现了全程同步检验检疫的，除胴体、膈脚要编号外，其他器官可以不编号。

（二）无同步轨道的编号方法

无同步检验轨道的企业，胴体对同一头猪的胴体、内脏、头、蹄、膈脚肌等进行统一编号。便于发现疫病后查找统一猪体的器官，继而进行无害化处理。通常用牛皮纸编号。

二、宰后检验的基本方法与技术要求

1. 感官检验

（1）视检　用肉眼观察胴体的皮肤、肌肉、胸腹膜、脂肪、骨骼、关节、天然孔及各种脏器的色泽、形状、大小、组织状态等是否正常，为进一步的剖检提供依据。

（2）触检　采用手或刀具触摸和触压的方法，来判定组织、器官的弹性和软硬度是否正常，并且可以发现位于被检组织或器官深部的结节性病变。

（3）剖检　借助于检验刀具，剖开被检组织和器官，检查其深层组织的结构和组织状态，发现组织和器官内部的病变。

（4）嗅检　是利用检验人员的嗅觉探察动物的组织和脏器有无异常气味，以判定肉品卫生质量的一种检验方法。如：中毒药物。

2. 实验室检验

（1）寄生虫检验　旋毛虫、住肉孢子虫检验。

（2）血清学检验　借助动物疫病快速检测仪确定病原。

（3）理化检验　主要是肉的新鲜度的检验，屠宰时没有此项检验。有条件的企业进行兽药残留、重金属的检验。

（4）瘦肉精的快速检验等。

第三节　猪的宰后检验检疫具体内容及步骤

宰前检疫合格的准予屠宰的猪通过通道赶到屠宰间，经淋浴、电麻、放血、烫毛（剥皮）、打毛、冲洗干燥、燎毛、抛光等工序后实施同步检验。按照农牧发［2019］2号《生猪屠宰检疫规程》和GB/T 17996—1999《生猪屠宰产品品质检验规程》的规定，生猪宰后检验的具体步骤及内容有：头蹄的检验、皮肤（体表）的检验、膀胱尿检瘦肉精、内脏的检验、胴体的检验、旋毛虫的检验、胴体复检（修割）、盖章等。不合格的按照相关规定进行无害化处理。

一、体表检疫

（一）体表检查内容与操作技术

（1）带皮猪皮肤检查在脱毛之后，燎毛之前进行。

（2）观察吻突、齿龈和蹄部有无水疱、溃疡、烂斑等。

（3）皮肤检查 检查屠体全部皮肤，必要时旋转屠体，注意有无水疱、出血点、出血斑、疹块、肿瘤、坏死、皮疹、皮炎、脓肿、外伤等异常现象。

（4）颈部耳后注射包囊、包块检查（割头之后进行） 检查屠体颈部耳后有无局部肿胀、化脓，发现有注射针孔的，应注意检查注射针孔及周围是否有包囊、包块，或未被吸收的注射液等，必要时切开检查。

（5）颈部耳后注射包囊、包块处理技术 一般包囊都具有完整的囊壁，发现注射包囊或包块时，不能破坏包囊壁，要将包囊壁和周围组织一起修割掉。在处理过程中如果包囊破裂，脓包内容物污染产品要进行清洗与扩创修割，被污染的工具要彻底消毒清洗。

（6）体表检查 主要控制的疫病是：口蹄疫、猪瘟、非洲猪瘟、猪丹毒、猪肺疫、猪蓝耳、副猪嗜血杆菌病等，这些疾病有典型的皮肤病变或关节病变。

（二）头部及颌下淋巴结检验

（1）剖检颌下淋巴结

①猪放血打毛后，沿放血口垂直向下切开下颌区，直到颌骨高峰区，然后分别剖开左右两侧下颌淋巴结，视检有无肿大、坏死灶（紫、黑、灰、黄），切面是否呈砖红色，周围有无水肿、胶样浸润等。

②当发现颌下淋巴结肿大、出血，周围组织水肿或有胶样浸润时，可怀疑猪感染了炭疽杆菌，应报告官方兽医进行会诊和确诊。如果确认为炭疽杆菌病应按有关规定进行无害化处理，具体方法见第五章第二节中炭疽杆菌病无害化处理。

③该部位检验的目的主要是控制炭疽、结核、链球菌病等。

（2）剖检两侧咬肌 咬肌位于下颌两侧，剖检时左手用钩固定猪头，右手持刀紧贴下颌骨外侧，将咬肌平行剖开，充分暴露剖面，充分检查，此部位检验的目的是检验猪的囊尾蚴病。关于囊尾蚴的检验也可以在摘除胸腔肝脏或劈半后观察肋间肌有无白色囊包，也可判定是否患有囊尾蚴病。

患有囊尾蚴病的胴体、头蹄、内脏等产品做销毁处理。

二、内脏的检验

内脏的检验主要是检查脏器官及其淋巴结是否病变，胸腹腔浆膜有无异样等。内脏检验在剖开胸腹之后进行。

（一）肠系膜淋巴结的检验

同步盘检验或者吊挂屠体检验，首先找到盲肠，用左手抓住盲肠提起，可看到空肠末端的肠系膜中一串麻花状淋巴结。可两手对接，大拇指和食指上下捏住淋巴结向两侧滑动触摸肠系膜淋巴结，感受大小和硬度，观察淋巴结大小，有无淤血、肿大、化脓等病变。

按照农牧发［2019］2号《生猪屠宰检验规程》的要求，将肠系膜剖检淋巴结纵剖约20cm长，观察淋巴结剖面色泽、病变等。

如果发现肠系膜淋巴结肿大，出血灶砖红色，硬而脆，淋巴结周围组织胶样浸润，应怀疑肠炭疽；肠系膜淋巴结肿大，有出血点，暗红色，切面有“大理石”状，可怀疑患有猪瘟；肠系膜淋巴结出血肿大，切面出血，如果脾脏也肿大黑色，可怀疑为非洲猪瘟；肠系膜淋巴结明显肿大，有出血点，切面呈灰白色脑髓样结构，可怀疑为猪副伤寒。

（二）胃肠及腹腔的检验

在剖检肠系膜淋巴结的同时，注意观察胃肠表面浆膜、肠系膜、腹膜有无充血、水肿、黄染、粘连、积液等。

控制的疫病主要有：

（1）猪瘟　腹膜和肠浆膜、黏膜有出血点。

（2）猪肺疫　胸腔积液，内含纤维蛋白混浊液，肺和胸膜覆盖纤维素性薄膜。

（3）猪副伤寒　小肠壁菲薄，内含大量气体，肠壁有点状出血。

（4）链球菌病　胸、腹腔内有淡黄混浊液，内脏器官覆盖纤维渗出物病变。

（5）猪副嗜血杆菌病　肺、肝、脾、肠表面覆盖淡黄色假膜，内脏器官粘连，常发生“线毛心”或肠气泡症等病变。

（6）钩端螺旋体病　浆膜、腹膜脂肪黄染，淋巴结肿大、出血，肝脏肿大黄染。

（三）脾脏检验

左手伸入腹腔或在同步盘中拉出脾脏，检查其形状、大小、色泽，用刀背并按压脾脏壁面，刮去表面血污，并触检脾脏的质地变化，检查有无梗死、丘疹、出血、肿大、纤维素性渗出，或“硬如皮”或“软如泥”等异常（图6–7）。必要时纵剖或横断脾脏检查切面有无外翻“红晕”现象；用刀背轻刮脾脏断面的脾实质，检查有无血粥样物等异常（图6–8）。如果脾脏不肿大，但边缘有梗死灶，可怀疑猪瘟；脾脏出血异常肿大，是非洲猪瘟；脾脏肿大，周边有红晕可能是猪丹毒等。

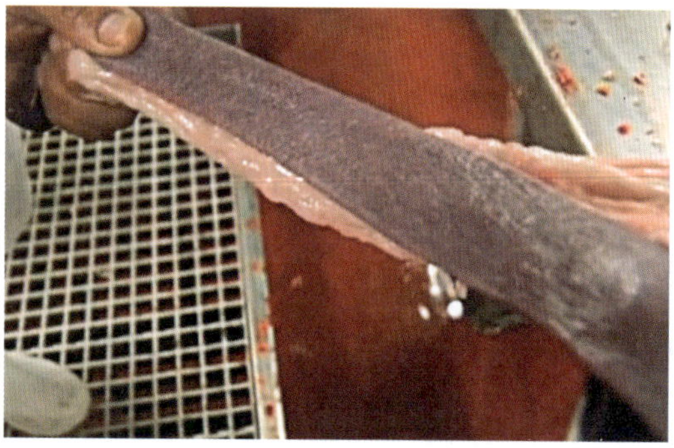

图6–7　检验脾脏质地有无异样

图6–8　视察脾脏大小、色泽

（四）心、肝、肺的检验

（1）心脏的检查

①心包的检查：用铁钩钩起心脏基部心包的壁层，用刀割破心包，观察心包腔内是否

有浑浊渗出液或纤维素渗出物，心包与心外膜有无粘连。

②心壁与心腔的检查：观察心脏外膜有无出血（猪瘟症状），有无灰白色条纹，虎斑心（口蹄疫、猪Ⅱ型链球菌病）；纵沟附近或其他部位的心外膜表面形成稍微隆起的米粒大、灰白色、长短不一、质地坚实的条索的乳斑（浆膜丝虫病）。纵向切开左心房心室，暴露心腔，观察心肌有无囊尾蚴，心肌纤维是否发生变性、浊肿，要特别注意观察心脏瓣膜有无赘生物（慢性猪丹毒），同时还要观察血液凝固状态（图6–9）。

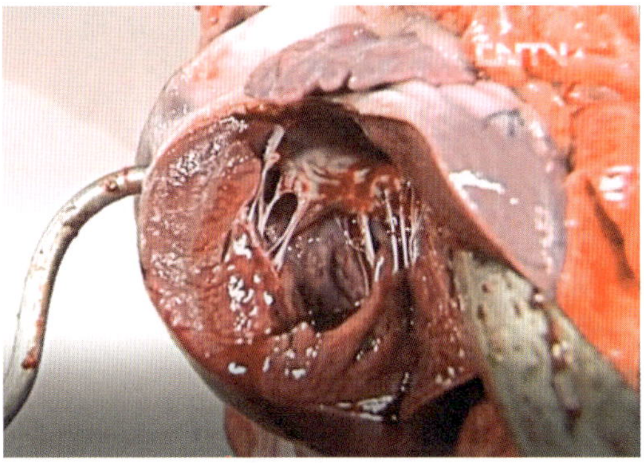

图6–9　心内膜检验

（2）肝脏的检验

①观察肝有无灰白色、灰黄色纤维素渗出（慢性肝炎），有无肝质地变软、变脆，手碰即碎（中毒性肝坏死）；有无变性、坏死、硬化、萎缩、脓肿、结节、肿瘤、寄生虫（在肝门下方以浅刀斜切并横断胆管，然后用刀的背面向切口方向挤压胆管，检查有无肝吸虫）。

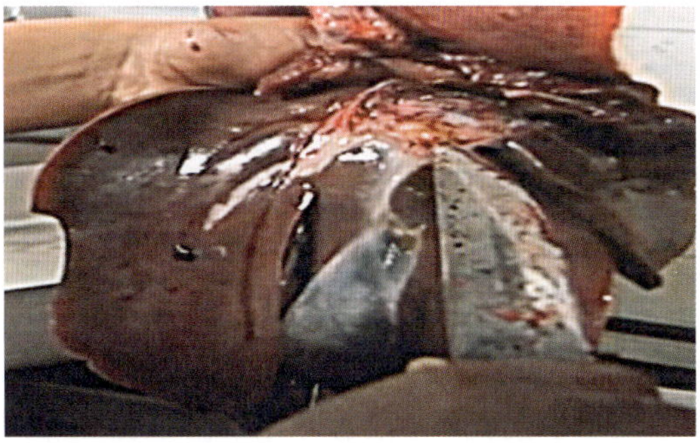

图6–10　肝门淋巴结检验

病变肝脏全部炼工业油或销毁，并冲洗胴体和腹腔，防止有虫体残漏（图6–10）。

②肝脏检查主要控制的疫病：

猪瘟：肝门淋巴结肿大、被膜有出血点，切面呈红白相间的“大理石”状。

非洲猪瘟：肝肿大，表面有出血点，肝门淋巴结肿大、出血。胆囊出血。

高致病性猪蓝耳病：肝肿大，暗红或土黄色，质脆，胆囊扩张，胆汁黏稠。

猪副伤寒：肝肿大、淤血、点状出血，表面和切面有副伤寒结节。慢性副伤寒、肝门淋巴结明显肿大，切面呈灰白色脑髓样结构。

猪Ⅱ型链球病：肝脏肿大，暗红色，边缘钝圆，质硬，有纤维素附着。肝淋巴结肿大、出血，切面可见小脓灶。

猪副嗜血杆菌病：肝脏表面有纤维蛋白薄膜附着。肝淋巴结肿大明显。

（3）肺脏的检验

①检验肺脏：观察其色泽、大小、形态、弹性有无异常，有无充血、出血、气肿、呛血、呛水及实变，注意有无肿瘤、结核、肺丝虫、棘球蚴及各种炎症变化。观察肺有无肝变区、坏死灶，有无大理石状条纹，胸膜有无纤维素性附着物等猪肺疫病变。

②检验支气管淋巴结：剖检左支气管淋巴结，注意有无肿大、出血、化脓等变化，必要时剖检其他支气管淋巴结（图6–11）。

③肺脏检查主要控制的疫病：

猪瘟：引起纤维素性肺炎，肺表面有纤维素附着，肺与胸膜粘连。

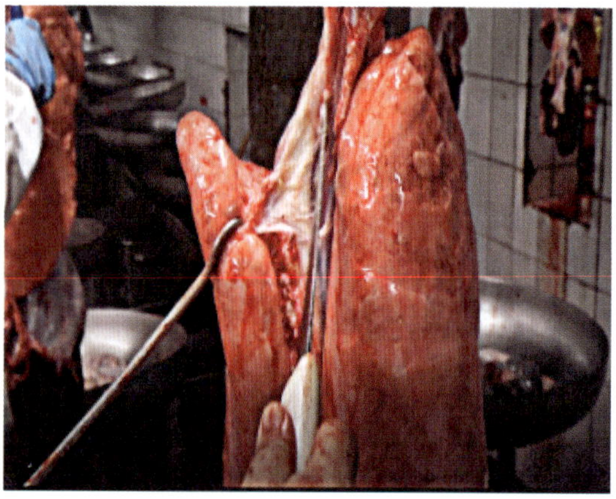

图6-11　肺脏的检验，剖检支气管淋巴结

非洲猪瘟：肺肿水，淤血，出血；气管、支气管充满泡沫和淡黄色液体。

高致病性猪蓝耳病：肺膨大、淤血、暗红色，肺间质增宽，小叶明显。胸腔有积液。

肺炭疽：肺有肿块，脆而硬，暗红色，支气管淋巴结肿大，呈砖红色，周围有胶样浸润。

猪肺疫：肺有大量红色肝变区和出血斑块，覆盖纤维素薄膜，与胸膜粘连。

猪链球菌病：肺膨大、出血，可见密集的化脓性结节或脓肿。

猪支原体肺炎：两肺高度膨胀，对称性发生“肉样变”或“胰样变”。

猪副嗜血杆菌病：肺、腹腔器官和胸、腹腔壁覆盖淡黄色蛋皮样的薄膜。

猪肺线虫病（肺丝虫病）：肺表面有灰白色凸起的肺气肿区。

（五）寄生虫的检验

（1）旋毛虫和住肉孢子虫的检验

①在摘掉猪红脏后，割取左右膈脚肌（两侧各重约25～30g），编上与胴体一致的号码，送旋毛虫检验室检查。操作员用剪刀剥去肌膜，在日光灯下用手翻转膈脚肌，仔细观察肌纤维内是否有针尖大小白色或黑色（钙化体）点状小体。

②发现有针尖大小白色点状小体后，顺着肌纤维方向剪取白色病灶的肉粒，一般剪取左右膈脚肌24粒，放在载玻片上压片后在低倍显微镜下（放大倍数：40～60倍）观察，是否是旋毛虫（图6-12）。

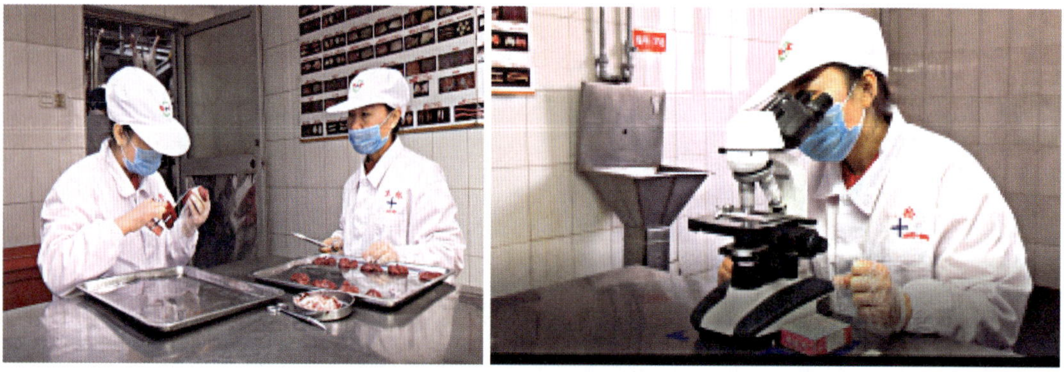

图6-12　旋毛虫的实验室检查

③如果发现肌纤维内有金黄色或黑色椭圆形小体，一般感染的是住肉孢子虫，用同样的方法剪取肉粒压片镜检，显微镜下即可看到梭形的米氏囊，即为住肉孢子虫。

（2）囊尾蚴　囊尾蚴主要寄生于血管丰富、活动量大的肌肉中，如咬肌、心肌、腰大小肌（里脊）、肋间肌等，所以宰后检验猪囊尾蚴是在头部检验咬肌、胴体检验腰大肌腰小肌、心脏检验中进行的。

上述脏器检验中如发现米粒、豆粒大小白色的囊包时可怀疑患有囊尾蚴病。剥离出囊包，用手指压碾，如不能轻易碾碎，手感又是柔软的包囊，破开后可发现包囊内有少量透明液体流出，即可确认为是囊虫。如果白色颗粒用手指很容易碾碎压扁，应是是脂肪颗粒，不是囊尾蚴。同时，应注意与白色筋腱的区别。

（3）肺丝虫检验　肺丝虫寄生于肺脏的细支气管和肺泡内，大量的肺丝虫可阻塞支气管，引起肺气肿。

该项检验是在肺脏检验时发现肺边缘有灰白色的隆起，切开灰白色部位肺脏组织，可发现细支气管内棉絮状的虫体（图6–13和图6–14）。

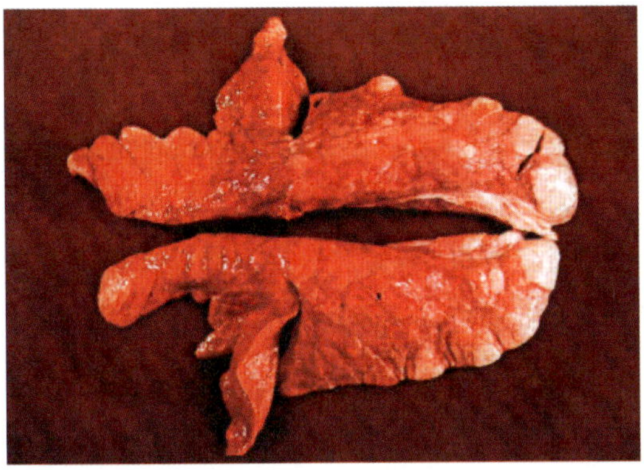

图6–13　肺丝虫引起的肺脏变化

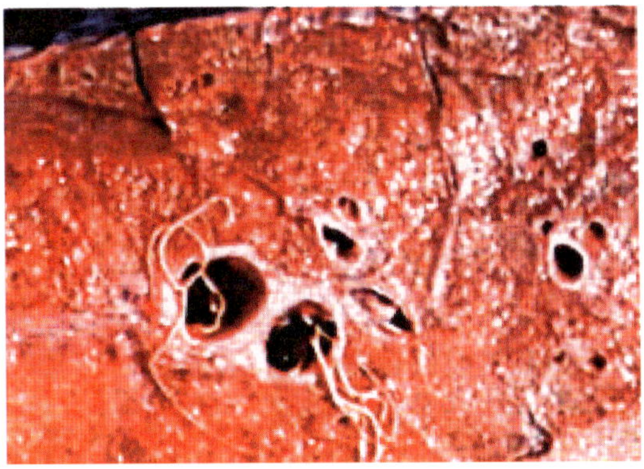

图6–14　支气管中的肺丝虫

（4）浆膜丝虫检验　猪浆膜丝虫病是虫体寄生于家猪的心脏、肝、胆囊、膈肌、子宫及肺动脉基部的浆膜淋巴管内引起的寄生虫病。虫体大多寄生于猪心外膜的淋巴管内，导致心外膜淋巴管扩张。

该项检验是在心脏检验时，发现猪心脏纵沟附近或其他部位的心外膜表面形成稍微隆起的米粒大、灰白色、长短不一、质地坚实的条索的乳斑。陈旧病灶外观为灰白色针头大的钙化的小结节，呈沙粒状。可认为患有猪浆膜丝虫病，必要时可检查肝、胆囊、膈肌的浆膜淋巴管，有无浆膜丝虫寄生，即可确诊（图6–15）。

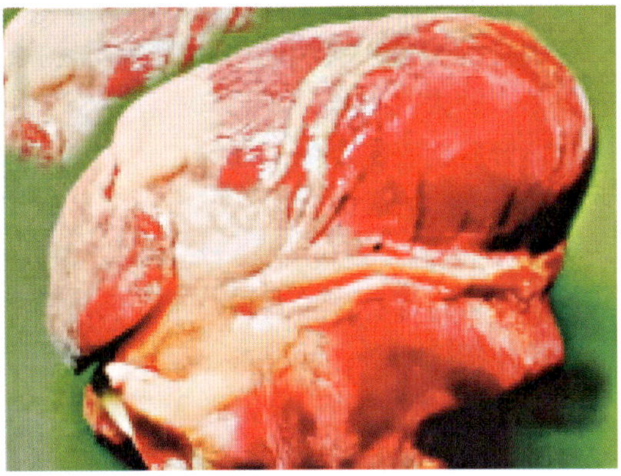

图6–15　心脏浆膜丝虫病

（5）发现寄生虫后的无害化处理　患有囊尾蚴、旋毛虫、丝虫病的胴体、内脏及其他产品全部销毁处理。

（六）非洲猪瘟病毒检测

（1）根据农业农村部有关文件的要求，

屠宰厂应当在驻厂官方兽医组织监督下，按照生猪不同来源实施分批屠宰，每批生猪屠宰时，随机抽取血样，经PCR检测试剂盒或免疫学检测试纸条检测非洲猪瘟病毒。

（2）无害化处理

①检测非洲猪瘟病毒为阴性的，且检验检疫合格的同批次生猪产品可上市销售。

②检出非洲猪瘟病毒阳性的，屠宰企业应当第一时间将检测结果报告驻厂官方兽医。经确诊为非洲猪瘟病毒阳性的，屠宰企业要在当地畜牧兽医部门监督下，按规定扑杀所有待宰圈生猪，连同阳性批次的胴体、猪血及副产品等进行无害化处理，对屠宰车间和相关场所进行彻底消毒，48h后，可向当地兽医部门申请评估。

③发现可疑非洲猪瘟的生猪，应立即停止生产，并报告驻场官方兽医。同时，按规定采集相应猪的血液样品或脾脏、淋巴结、肾脏等组织样品送官方指定的疫病检测实验室进行非洲猪瘟病毒检测。检测结果为阴性的，屠宰厂方可继续屠宰生产。阳性的按上述要点处置。

（七）胴体检验

（1）胴体整体观察

①检查皮肤、皮下组织、脂肪、肌肉是否黄染；有无出血瘀血斑、胸腹腔浆膜颜色是否正常，有无黄染。

②检查是否为白肌肉、黑干肉、白肌病；判定放血程度。

③检查胴体有无病灶，水肿、变性、蜂窝织炎、肿瘤等。

④胴体整体观察控制的疫病是：猪瘟、猪丹毒、白肌病、黄疸、黄脂、肿瘤等。

（2）胴体淋巴结检查　剖检左右皮下腹股沟浅淋巴结，检查有无肿大、出血、瘀血、化脓等变化，必要时检查腹股沟深淋巴结、股前淋巴结、腘淋巴结、髂下和髂内淋巴结有无肿大、出血、瘀血、化脓等。

胴体淋巴结检查主要疫病控制如下。

猪瘟：全身淋巴结肿大、出血，切面“大理石”状，尤其下颌淋巴结、腹股沟浅淋巴结、髂内淋巴结等变化明显。

高致病性猪蓝耳病：全身淋巴结肿大，呈灰白色，切面外翻。

急性猪丹毒：全身淋巴结肿大，呈紫红色，切面隆突多汁、斑点状出血。

猪副嗜血杆菌病：全身淋巴结肿大，切面灰白色。

（3）摘除肾上腺、肾脏的检验

①肾脏检验：剥离肾脏包膜，用钩挑出肾脏，查看是否粘连，观察肾脏的大小、颜色，是否肿大，出血、淤血、囊肿、寄生虫、有肿瘤等。

②肾脏检查主要疫病控制：

猪瘟：肾脏表面有大量出血点，形成“雀斑肾”，肾盂出血点。

非洲猪瘟：“雀斑肾”；肾乳头肿大，肾盂出血点。

急性猪丹毒：肾肿大，呈暗红色，俗称“大红肾”，皮肤大片红斑“大红袍”。

急性猪副伤寒：肾肿大，点状出血，肾盂黏膜有出血点。

猪Ⅱ型链球菌病：肾稍肿大，呈暗红色，有出血点。膀胱黏膜出血点。

（4）腰肌检验　腰肌是由腰大肌腰小肌组成，位于腰椎左右复测。

①用刀剖检左右腰肌，查看有无麦粒或黄豆粒大小，白色椭圆形半透明囊泡

（囊尾蚴）（图6–16）。

②观察肌肉色泽，如果肌肉苍白，呈白色条纹状，或切面干燥似鱼肉样；或切面多汁，如“水煮”样或“烂肉”样，肌纤维容易被拉下，是白肌病或白肌肉（图6–17和图6–18）。

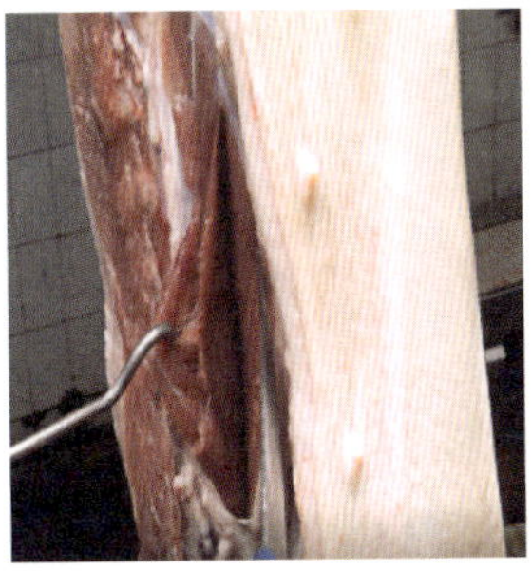

图6–16　腰肌的检验

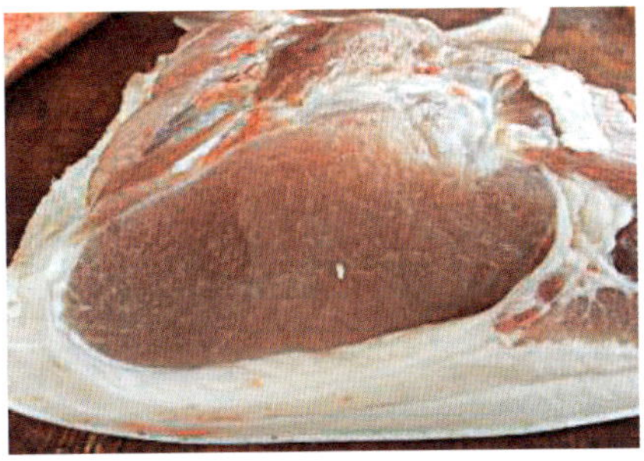

图6–17　白肌肉（PSE肉）

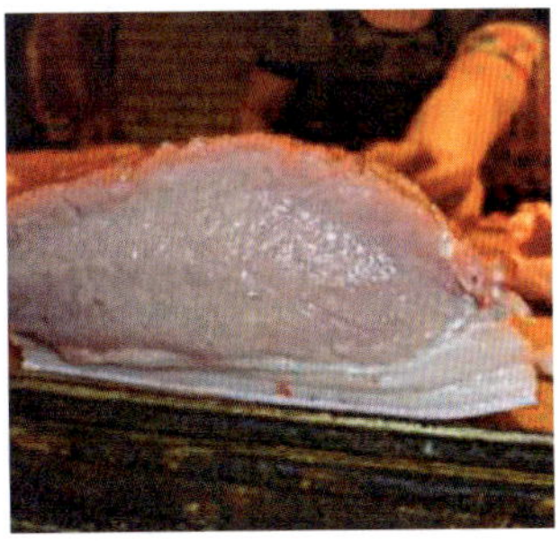

图6–18　白肌病呈烂肉样

（八）复检

复检的任务是查验所有各检验点的检验结果，对胴体的卫生质量做出综合判定，确定所检出的各种病害肉无害化处理的方法，并对检验结果进行登记。

（1）检查是否有放血不全现象。

（2）检查胴体形状、颜色、气味、清洁状况是否正常，有无肿瘤、内外伤、脓包等现象。

（3）检查体表、体腔是否有瘀血、血污、脓污、胆汁、粪便、残留毛皮，以及被其他污物污染等现象。

（4）检查腹部、乳头、放血刀口、残留的膈肌、暗伤、脓包、伤斑是否已修整，槽头是否已割除，颈部是否有注射包囊或包块未处理。

（5）检查脂肪和肌肉组织有无出血、瘀血、水肿、变性、黄染、蜂窝织炎等病变。

（6）检查骨组织是否正常，有无骨折、椎骨间化脓灶和钙化灶，骨髓有无褐变和溶血现象。

（7）检查胴体有无病变淋巴结和可见淋巴结漏摘。

（8）胴体分级、加盖检验印章（验讫章、检验合格章）。

（九）有害内分泌腺的摘除与处理

GB/T 17996—1999《生猪屠宰产品品质检验规程》的要求，生猪屠宰过程中要摘掉三腺：甲状腺、肾上腺、病变淋巴结。甲状腺、肾上腺皮质分泌的激素不能被人体消化液分解，进入人体血液后会引起人体代谢紊乱而中毒，甚至会威胁生命。要由专人摘除并处理。

（1）摘除甲状腺　此项工作是在头部颌下淋巴结检验后进行的。甲状腺位于气管腹侧，人误食后会引起代谢紊乱（中毒），甚至死亡。操作人员左手握住猪左前蹄，右手伸入下颌淋巴结检验刀口内，首先摸到坚实的喉，然后沿喉和气管两侧向上摸，在距喉3～5cm处的气管腹侧摸到“大枣”状的器官即为甲状腺，用手将其握紧向下拉，并完整摘除，放到有明显标志的专用容器中，集中作无害化处理。

（2）摘除肾上腺　肾上腺位于左右肾的内侧缘前方，长而狭，呈灰黄色。左手用镊子拉出肾上腺，右手用刀割下，放入有明显标志的专用容器中，集中作无害化处理。

（十）病变淋巴结和病变组织器官检查后的处理与摘除

生猪屠宰检出的病变淋巴结和病变组织应根据不同情况采取不同的处理方法。

（1）经检查疑似为传染病和寄生虫病的，生猪产品不可以食用的，以及暂不能确定是否可以食用的处理。

①检查后的病变淋巴结和病变组织不能摘除，要完整保留，为进一步诊断提供病理依据。

②在病猪屠体或胴体上盖“可疑病猪”章，经病猪岔道推入病猪间，诊断确诊。

确诊为疫病猪的病变淋巴结和病变组织更不能摘除，连同病猪及产品全部进行无害化处理。

确诊为健康猪的病变淋巴结和病变组织应摘除，屠体或胴体经“回路轨道”返回胴体生产线轨道，继续加工。

（2）经检查确诊为一般普通病的，生猪产品可以食用，检查后病变淋巴结和病变组织应摘除。

（3）经检查生猪产品合格，可以食用，检出的病变淋巴结及病变组织应摘除。

第四节　生猪宰后检验检疫后的处理方法——宰后肉品的处理方法

一、分级

按照国家有关规定和标准对合格的胴体进行分级。

二、加盖印章、标志和出具证明

经检疫合格的，官方兽医出具《动物检疫合格证明》，在胴体上加盖“检疫验讫”印章，在产品包装上加贴《动物产品检疫合格》标签；企业在胴体上加盖“肉品品质检验合格”印章，出具《肉品品质检验合格证》。

（1）宰后检验结果记录　检验日期、产地、货主名称、生产头数、检验的方法、检验的内容、检验的头数、合格头数，病变和不合格产品的头数、数量及处理方式，检验人员签字等内容。

（2）盖检印和出具检疫证明

①第一类：认为品质良好、适于食用的胴体和脏器，盖以兽医验讫印章和检验合格

章（图6–19），出具《肉品品质检验合格证明》（图6–20）。出具《动物检疫合格证》（产品A/B）（图6–21）。

②第二类：认为经过无害化处理后可供食用的胴体和脏器，盖以高温的印章。［图6–22（2）］。

高温处理：杀灭一切病原体最有效最彻底的方法。

高压蒸煮法：把肉尸分割成2kg左右，厚度不超过8cm的肉块，放高压锅内，132kPa（1.3atm）下1.5～2h或152kPa（1.5atm）下1h。

常压煮沸法：肉块要求同上。在普通锅内煮沸2～2.5h，使肉块中心温度达80℃以上。

③第三类：病理变化比较严重，不适于食用的胴体和脏器，盖以非食用的印戳［图6–22（1）］。

④第四类：评价为应销毁的胴体和脏器，盖以销毁的印戳。［图6–22（3）］

图6–19　肉品检验合格用章

肉品品质检验合格证 猪
山东畜牧
NO. 100000000001

生产单位：临沂新程金锣肉制品集团有限公司			
单位地址：山东省临沂市兰山区金锣科技园			
产品名称：猪肉		产品数量／重量：1000KG	
生产日期：2019年4月29日		启运日期：2019年5月1日	
定点代码：261101011		联系电话：0539-7057922	
购货方：银座商城洪楼店		企业肉品检验印章	
到达地点：山东省济南市历城区花园路101号			
检验员（签章）王明阳			

图6–20《肉品品质检验合格证明》示例

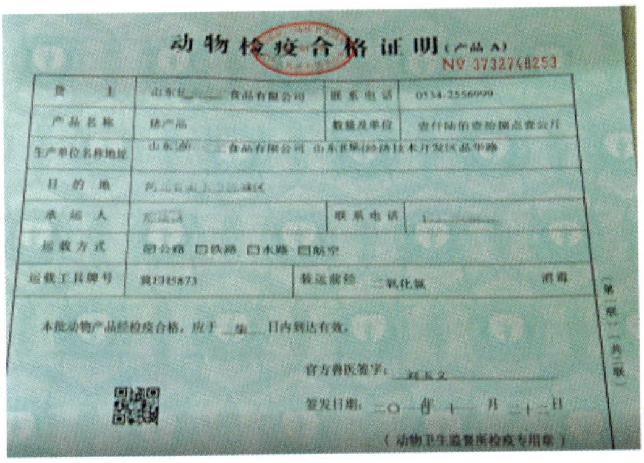
动物检疫合格证明（产品A）
No 3732748253

货主	山东________食品有限公司	联系电话	0534-2556999
产品名称	猪产品	数量及单位	
生产单位名称地址			
目的地			
承运人		联系电话	
运载方式	□公路 □铁路 □水路 □航空		
运载工具牌号		装运前经	消毒

本批动物产品经检疫合格，应于___日内到达有效。

官方兽医签字：

签发日期：

（动物卫生监督所检疫专用章）

图6–21《动物检疫合格证》示例

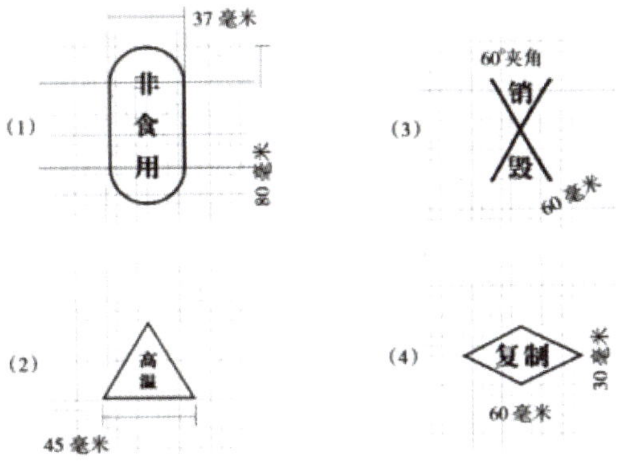

图6–22　无害化处理印章

（1）非食用（2）高温（3）销毁（4）复制

第五节　屠宰过程中发现疑似病猪的处理技术

一、患传染病、寄生虫病的生猪及其产品的处理

（一）发现患有口蹄疫、猪水泡病、猪瘟、高致病性猪蓝耳病等一类传染病和炭疽病时的处理方法

按照《中华人民共和国动物防疫法》《重大动物疫情应急条例》《动物疫情报告管理办法》和农医发［2017］25号《病死及病害动物无害化处理技术规范》等有关规定处理。

（1）停止检验和屠宰检验　人员发现上述疫病或疑似上述疫病时要立即停止检验和屠宰。

（2）封锁现场　疫病动物的屠体、胴体、内脏及其他副产品和同群猪，由专人看护，限制移动，禁止冲淋，封锁现场，严禁人员接触。

（3）启动警报　检验人员按动警报开关，拉响警报，停产待查。即生产轨道停止运行，所有人员坚守岗位，限制人员移动；停止屠宰、停止检验、停止生产、停止走动、停止一切活动。

（4）报告疫情　报告官方兽医和检验负责人，报告畜牧兽医行政管理部门。

（5）会诊处置　有关人员，包括官方兽医、检验负责人、中级以上兽医师、车间主任赶赴现场，听从官方兽医统一处置。

（6）送往无害化处理间（处）销毁处理。

（7）消毒清洗　对全厂实施全面严格的消毒，疫病动物接触的场所、车辆和物品，工作人员服装要重点彻底消毒，严格清洗，密切接触人员要进行隔离体检。各项处理经上级防疫管理部门检查合格后方可恢复生产。

（二）发现患有（二类传染病）猪丹毒、猪肺疫、猪Ⅱ型链球菌病、副猪嗜血杆菌病、猪支原体肺炎、猪副伤寒、囊尾蚴、旋毛虫、丝虫病等疫病时的处理方法

（1）在可疑病猪屠体或胴体上盖“可疑病猪”标记章，将屠体或胴体转入疑病猪胴体分支进入疑病暂存间，报告官方兽医，对可疑病猪进行详细检验并确诊，然后，出具“无害化处理通知单”，病猪及其产品进行无害化处理。

（2）同群猪已宰杀的严格检验，发现疑似病猪按照上述规定处理；怀疑被污染的胴体高温处理；未宰杀的暂缓宰杀，隔离观察，确认无病的，准予屠宰；隔离期间出现异常的，官方兽医出具处理方案进行无害化处理。

（3）发现其他疫病时，要在屠体上盖“可疑病猪”标记章，将屠体推入疑病分支轨道或疑病猪间，进一步诊断，同时报告官方兽医，确诊后进行无害化处理。

二、屠宰过程中局部组织器官常见变化与无害化处理

在屠宰检验中，各器官组织都发生着不同程度的病理变化，除因生前生病发生的病理变化外，屠宰过程当中还会出现出血、呛血。无论病原性和非病原性的出血都是相当普遍的现象，因出血的原因不同，宰后处理也不相同。

（一）常见出血性病变的检验及处理

（1）机械性出血　为外力所致，猪因屠宰前被驱打、撞击、外伤、骨折、撕咬、吊挂时发生了出血，多发生在肌间、皮下、肾两侧和体腔的局限性出血，一般表现为破裂性出血，出血点往往呈弥漫性连成一片。

（2）电麻性出血　多由于屠宰时电麻方法不当造成，在实质器官和个别部位的肌肉组织，可见有多量的、新鲜的、放射状出血点，在肺部清晰可见，尤其是两侧肺的膈叶背缘肺胸膜下较为明显，其次是淋巴结、唾液腺、脾包膜、心外膜和肾。淋巴结的出血多表现为边缘出血，淋巴结不肿大（图6–23）。

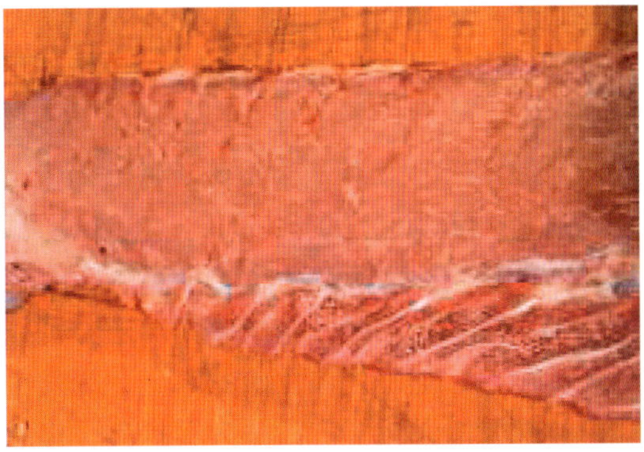

图6–23　麻电电压过高，背部肌肉有散在的鲜红色出血点

（3）窒息性出血　为缺氧所致，主要见于颈部皮下、胸腺和支气管黏膜，表现为静脉怒张，血液呈黑红色，有数量不等的暗红色淤斑。

（4）呛血　多局限于肺膈叶背缘，向下逐渐减少。呛血区外观呈鲜红色，范围不规则，由弥漫性放射状小红点组成，触之有弹性。切开呛血肺组织，可见弥漫性鲜红色，支气管内可见有血凝块。

（二）无害化处理

（1）电麻引起的轻微出血的器官和胴体可以出厂，严重的废弃出血部分，其余部分可出厂。

（2）外伤、骨折等引起的新鲜出血，其淋巴结没有炎症变化的，切除全部血浸组织和水肿组织后，胴体可出厂。

（3）出血、水肿广泛的，如发生某些传染病或中毒病时，除可引起全身性的出血病变外，组织、器官还表现出肿大和炎性变化，尤其是多处淋巴结发生明显的病理变化时，应结合相应的疾病来进行综合处理，如只是一般性感染性出血，器官和胴体须经高温处理后出厂。

第七章　肉品质量实验室检验

第一节　肉品理化检验

生猪屠宰产品应符合GB 2707—2016《食品安全国家标准　鲜（冻）畜禽产品》的规定。同时按照GB/T 9959.1—2019《鲜、冻猪肉及猪副产品　第1部分：片猪肉》和GB/T 9959.2—2008《分割鲜、冻猪瘦肉》的规定，产品出厂检验项目为净含量、感官、标识和包装等。同时，这两个标准还分别规定了型式检验项目，即出厂检验项目以外的其他检验项目，如理化项目中的水分，挥发性盐基氮，重金属、兽药残留的检验。

出厂检验每批出厂产品应经检验合格后方可出厂。

型式检验每年至少进行一次。有下列情况之一者，应进行型式检验。

（1）更换设备或长期停产再恢复生产时。

（2）出厂检验结果与上次型式检验有较大差异时。

（3）国家有关主管部门提出进行型式检验要求时。

一、样品的采集与制备

采样前的准备和注意事项。包括采样工具：刀或检验刀，镊子，不同规格的白搪瓷盘，采样袋，记录簿或笔，标签和密封带，采样箱或桶等；采样前首先确定采样的种类、批次；进入车间或冷藏库要遵守有关规定，更换并穿戴工作服（衣、帽、靴和手套），洗手消毒后方可进入。

1．感官及理化检验采样方法

（1）感官检验采样方法

①片猪肉煮沸后的肉汤试验样品：GB/T 9959.1—2019《鲜、冻猪肉及猪副产品第1部分：片猪肉》规定了煮沸后的肉汤检验，样品分别采取不同部位的鲜、冻片猪肉1000g，在保持鲜、冻猪肉质量的情况下立即送检。

②分割鲜、冻猪瘦肉感官检验样品：分割鲜、冻猪瘦肉的感官检验样品，分别来自生产现场或者冷藏间（库），取猪的分割瘦肉1号肉、2号肉、3号肉、4号肉（分别是完整的颈背肌、前腿肌、背长肌、后腿肌），放于白搪瓷盘中进行感官检验。

注意：所采取的分割鲜、冻猪瘦肉样品与同一批次产品进行同一编号，并做好采样记录和检验记录，感官检验时要保持商品的原有状态和完整性，感官检验后样品要送回原处。

（2）理化检验采样方法　理化检验采样，随机从相应的生产批次（批量）的片猪肉或分割猪肉上，按规定的样本数量采取样品，除去皮、脂肪、骨骼、肌腱，取瘦肉部分2000g作为检验样品。

鲜、冻片猪肉（片）和分割鲜、冻猪瘦肉（箱）样本数量具体为：批量范围（片/箱）<1200，样本数量（片/箱）为5；批量范围（片/箱）在1201～3500，样本数量（片/箱）为8；批量范围（片/箱）≥35001，样本数量（片/箱）为13。

2. *“瘦肉精”检验采样方法*

“瘦肉精”检验样品分为动物组织和尿液。样本量依据屠宰数量和来源的不同而不同。尿液样品分为宰前样品和宰后样品，宰前同批次猪一般按头数5%采取尿样，每批次不得少于3头猪；宰后为保证产品质量安全，要求逐头取尿液样品检验。组织样品，如肝脏、肉品一般按5%取样。

（1）尿液样品

①宰前尿液采样方法：在生猪运抵屠宰厂（场）后，在卸车时或进圈检验检疫通道及时接取尿液，并且在猪背部做一标记与样品同一编号，以便出现阳性检验结果能立即找到该猪与该群生猪。具体操作方法，详见《“瘦肉精”的快速检测方法》中《宰前“瘦肉精”检测》。

②宰后尿液采样方法：宰后尿液的采样，是在开胸取出内脏之前从膀胱抽取尿液，分为割取膀胱取尿液法和直接针管吸取法，方法以割取膀胱取尿液法为佳，适合生产线现场操作。关键是屠体与尿液样品同一编号，以便出现阳性检验结果后连同其他猪产品统一处理。具体操作方法，详见《“瘦肉精”的快速检测方法》中《宰后“瘦肉精”检测》。

（2）组织样品　猪肉品采样同理化检验采样方法。肝脏样品应在取出内脏（心、肝、肺）时采取，以便样品和胴体同一编号，一旦出现阳性检验结果能及时查找到胴体和其他产品（器官），并有利于快速进入食品安全追溯系统。

二、实验室检验

（一）肉品感官及挥发性盐基氮的测定

肉品感官检验方法，是检查和检验肉品新鲜度质量最直接、最实用的检验方法。挥发性盐基氮是动物性食品由于酶和细菌的作用，在腐败过程中，使蛋白质分解而产生氨以及胺类等的碱性含氮物质。测定挥发性盐基氮是衡量肉品新鲜度的重要指标之一。

1. *感官检验*

（1）鲜、冻片猪肉感官检验　鲜、冻片猪肉的感官检验，按照GB/T 9959.1—2019《鲜、冻猪肉及猪副产品　第1部分：片猪肉》有关规定执行。感官检验方法按照GB 2707—2016《食品安全国家标准　鲜（冻）畜、禽产品》有关规定执行。除气味检查中煮沸试验外，取适量试样置于洁净的白色盘（瓷盘或同类容器）中，主要是在现场和充足的自然光下观察色泽和状态，闻其气味。

①去皮（带皮）鲜、冻片猪肉外形和色泽：鲜片猪肉肌肉色泽鲜红或深红，有光泽，脂肪呈乳白色或粉白色。冻片猪肉（解冻后）肌肉有光泽，色鲜红，脂肪呈乳白，无霉点。

感官检验过程，同时注意观察肉品是否放血良好，有无淤血、外伤、粪污、胆污及其他污染物。片猪肉要求：修整良好，无残毛，冲洗程度达到国家标准GB/T 9959.1—2019《鲜、冻猪肉及猪副产品　第1部分：片猪肉》的要求。通过感官检查背侧、腹侧、臀部肌肉表面和切面色泽，判定肉品卫生质量是否符合规定要求。

②弹性（组织状态）鲜片猪肉指压后的凹陷立即恢复；冻片猪肉解冻后检查，肉质紧密，有坚实感。

③黏度：鲜片猪肉外表微干或微湿润，触之不黏手；冻片猪肉外表湿润，不黏手。

④气味：

a．嗅觉气味。鲜片猪肉具有鲜猪肉正常气味；冻片猪肉具有冻猪肉正常气味。

b．煮沸后的肉汤检验。鲜片猪肉煮沸后肉汤透明澄清，脂肪团聚于液面，具有香味；冻片猪肉煮沸后肉汤透明澄清，脂肪团聚于液面，无异味。具体检验方法如下。

样品处理：在实验室将肉切碎、绞细。

称样、量水：称取绞碎的检样20g，置于200mL烧杯中，随即将量取的100mL水加于200mL的烧杯中。

加热检查：用表面皿盖上加热至50～60℃。开盖检查气味。

继续加热煮沸检查：加热煮沸20～30min，检查肉汤的气味，滋味和透明度。同时注意检查脂肪的气味和滋味。

⑤温度测定：使用探针式温度计或其他非水银测温仪器。鲜品使用温度计的探针直接插入后腿部位钻至肌肉深层中心（4～6cm），约3min后，平视温度计所示度数；冻品用直径略大于（不得超过0.1cm）温度计探针直径的钻头，钻至后腿部位钻至肌肉深层中心（4～6cm），拔出钻头，迅速将温度计插入孔中，约3min后，平视温度计所示度数。注意：试验用钻头和温度计使用前后要消毒。

（2）分割鲜、冻瘦猪肉感官检验　分割鲜、冻瘦猪肉感官检验方法，按照GB/T 9959.2—2008《分割鲜、冻猪瘦肉》进行。感官检验指标应符合GB 2707—2016《食品安全国家标准鲜（冻）畜、禽产品》有关规定。

①感官检验：

a．色泽。肌肉色泽鲜红，有光泽；脂肪乳白色。

b．组织状态。触之肉质紧密，有坚实感。

c．气味（嗅觉）。具有鲜猪肉固有的气味，无异味。

②冷却、冷冻肉的温度测定：

a．冷却肉的温度测定。使用电子数显温度计，直接插入4～5cm肌肉深层，在1～2min内读取数据。

b．冷冻肉的温度测定。

冷冻分割肉的温度测定：冷冻测温前用电钻在肉块较厚的中间部位钻孔，用温度显示仪或使用±50℃非汞柱普通玻璃温度计测温。

冻片猪肉的温度测定：用直径略大于温度计直径的（不得超过0.1cm）钻头，在后腿部位钻至肌肉深层中心（4 ~ 6cm），钻孔后迅速将温度计插入肌肉孔中，使用±50℃非汞柱普通玻璃温度计或其他测温仪器，约3min后，平视温度计所示度数。注意：试验用钻头和温度计使用前后要消毒。

2. 挥发性盐基氮的测定

按照GB 5009.228—2016《食品安全国家标准　食品中挥发性盐基氮的测定》方法测定。鲜、冻片猪肉和分割鲜、冻猪瘦肉挥发性盐基氮指标，应符合GB 2707—2016《食品安全国家标准　鲜（冻）畜、禽产品》规定，挥发性盐基氮≤15mg/100g。

挥发性盐基氮测定方法包括半微量定氮法、自动凯氏定氨仪法和微量扩散法，主要介绍半微量定氮法和自动凯氏定氮仪法。

（1）半微量定氮法

①试样制备：称取肉样20g（精确至0.001g），置于有瓶塞的锥形瓶中，准确加入100mL三氯乙酸溶液，摇匀，静置15min，过滤备用。

注意：滤液应及时使用，不能及时使用的滤液置冰箱内0 ~ 4℃冷藏备用。对于蛋白质胶质多、黏性大、不容易过滤的样品，用三氯乙酸溶液替代水进行试验。

②试验方法：

a. 测定前半微量定氮装置的检查。测定前对半微量定氮装置进行清洗和密封性检查。加入蒸馏瓶满足试验所用的水，打开循环冷却水，检查是否正常。

b. 测定。

接收瓶内加入硼酸溶液和混合指示剂：向接收瓶内加入10mL硼酸溶液和5滴混合指示剂，并使冷凝管下端插入液面下。

加入滤液及水：准确吸取10mL滤液，由小玻杯注入反应室。再加入10mL水冲洗小玻璃杯，使其流入反应室，随后塞紧棒状玻璃塞。

加入氧化镁混悬液：再向反应室中加入5mL或10mL氧化镁混悬液，立即塞紧玻璃塞，同时向小玻璃杯加水封口，以防漏气。

开始蒸馏：夹紧反应室下方螺旋夹（或止水夹），打开蒸汽管螺旋夹（或止水夹）通入蒸汽，开始蒸馏。

蒸馏时间：蒸馏时间为5min，然后移动蒸馏液接收瓶，使液面离开冷凝管下端，再蒸馏1min，用少量水冲洗冷凝管下端外部，取下蒸馏液接收瓶。

滴定：以盐酸或硫酸标准滴定溶液（0.01moL/L）滴定至终点。加入C甲基红乙醇溶液与5份溴甲酚绿乙醇溶液混合，指示液2~3滴，终点颜色至紫红色。同时做试剂空白滴定。

c. 分析结果的表述试样中挥发性盐基氮的含量，按式（7–1）计算结果。

$$X=\frac{\left(V_1-V_2\right)\times c\times 14}{m\times\left(\dfrac{V}{V_0}\right)}\times 100 \qquad (7\text{–}1)$$

式中　X —— 试样中挥发性盐基氮的含量，mg/100g或mg/100mL；

V_1 —— 试液消耗盐酸或硫酸标准滴定溶液的体积，mL；

V_2 —— 试剂空白消耗盐酸或硫酸标准滴定溶液的体积，mL；

c —— 盐酸或硫酸标准滴定溶液的浓度，mol/L；

14 —— 滴定1.0mL盐酸［c（HCl）=1.000mol/L］或硫酸［c（$1/2H_2SO_4$）=1.000mol/L］标准滴定溶液相当的氮的质量，g/mol；

m —— 试样质量，g，或试样体积，mL；

V —— 准确吸取的滤液体积，mL，本方法中V=10；

V_0 —— 样液总体积，mL，本方法中V_0=100；

100 —— 计算结果换算为mg/100g或mg/100mL的换算系数。

实验结果以重复性条件下获得的两次独立测定结果的算术平均值表示，结果保留三位有效数字。精密度要求在重复性条件下获得的两次独立测定结果的绝对差值不得超过算术平均值的10%。

（2）自动凯氏定氮仪法

①试样制备：

a．称样。称取试样10g，精确至0.001g。

b．试样制备。方法同半微量定氮法。

②测定：

a．试样。试样装入蒸馏管中，加75mL水，振摇，使试样在样液中分散均匀，浸渍30min。

b．清洗、试运行。通过清洗、试运行，使仪器进入正常测试运行状态。按照仪器操作说明书的要求运行仪器。

c．空白测定。首先进行试剂空白测定，取得空白值。记录空白值。

d．在接收瓶中加入硼酸。接收液和混合指示剂在锥形瓶中加入30mL 20g/L的硼酸接收液；加10滴甲基红、溴甲酚绿乙醇溶液混合指示剂（1∶5）。

e．测定试验。

加入氧化镁：在蒸馏管中加入1g氧化镁。

测定：立刻连接蒸馏器，按照仪器设定的条件和仪器操作说明书的要求开始测定。

测定完毕注意事项：测定完毕及时清洗和疏通加液管路及蒸馏系统。

分析结果：同半微量定氮法。

（二）肉品中水分的测定

1．试样的准备

鲜肉：将剔除脂肪、筋、腱的肌肉组织不少于200g作为检样。冻肉自然解冻，记录解冻前和解冻后的样品质量。用孔径不大于4mm的绞肉机至少绞两次并混匀，肉样于密闭容器内保存。绞好的试样应尽快分析，若不立即分析，应密封冷藏贮存。

2．直接干燥法

（1）测定方法按照GB 5009.3—2016《食品安全国家标准　食品中水分的测定》进行。

（2）分析步骤

①称量瓶干燥、冷却至恒重：取洁净铝制或玻璃制的扁形称量瓶，置于101～105℃干燥箱中，瓶盖斜支于瓶边，加热1h，取出盖好，置干燥器内冷却0.5h，称量，并重复干燥至前后两次质量差不超过2mg，即为恒重。

②肉样的称取、干燥及冷却至恒重：准确称取2～10g试样（精确至0.0001g），放入此称量瓶中，试样厚度不超过5mm，如为疏松试样，厚度不超过10mm，加盖，精密称量后，置于101～105℃干燥箱中，瓶盖斜支于瓶边，干燥2～4h后，盖好取出，放入干燥器内冷却0.5h后称量。然后再放入101～105℃干燥箱中干燥1h左右，取出，放入干燥器内冷却0.5h后再称量。并重复以上操作至前后两次质量差不超过2mg，即为恒重。

注：两次恒重值在最后计算中，取质量较小的一次称量值。

③分析结果的表述：试样中水分的含量，按式（7–2）进行计算。

$$X=\frac{m_1-m_2}{m_1-m_3}\times 100 \tag{7–2}$$

式中　X——试样中水分的含量，g/100g；

m_1——称量瓶（加海砂、玻棒）和试样的质量，g；

m_2——称量瓶（加海砂、玻棒）和试样干燥后的质量，g；

m_3——称量瓶（加海砂、玻棒）的质量，g；

100——单位换算系数。

水分含量≥1g/100g时，计算结果保留三位有效数字；水分含量＜1g/100g时，计算结果保留两位有效数字。精密度要求在重复性条件下获得的两次独立测定结果的绝对差值不得超过算术平均值的10%。

3. 红外线快速检测仪干燥法

（1）设定干燥加热温度　接通电源并打开开关，水分分析仪设定干燥加热温度为105℃，加热时间为自动。

（2）操作方法　打开样品室罩，取一样品盘置于红外线水分分析仪的天平架上，并回零。

①加样、干燥：打开样品室罩，取出样品盘，加入样品5g，样品均匀铺于盘上，再放回样品室。随后关闭样品室罩加热干燥。

②读数并记录水分含量：待完成干燥后，读取数字显示屏上的水分含量，或自动打印出水分含量。

（3）测定结果描述

①鲜、冻猪肉水分指标：鲜、冻猪肉水分指标应符合GB 18394—2001《畜禽肉水分限量》和GB/T 9959.2—2008《分割鲜、冻猪瘦肉》的规定，水分含量≤77%。

②鲜、冻猪肉的水分含量计算：见式（7–3）。

$$X=(m_1-m_2)+m_2\times c/m_1\times 100 \tag{7–3}$$

式中　X——试样中水分的含量，g/100g；

m_1——解冻前样品质量，g；

m_2——解冻后样品质量，g；

c——解冻后样品水分含量，g/100g；

100——单位换算系数。

计算结果保留三位有效数字。

③结果表示方式：结果表示方式为0～100%。读数精度0.01%，称量范围0～30g，称量精度1mg。

（4）报告鲜、冻猪肉水分含量的检测结果，以实际数值为克每百克（g/100g），按照国家标准GB 18394—2001《畜禽肉水分限量》和GB/T 9959.2—2008《分割鲜、冻猪瘦肉》的有关水分含量的标准判定结果并报告。

（三）“瘦肉精”的测定

1.“瘦肉精”的快速检测方法

“瘦肉精”的快速检测主要是指采用检测试纸卡（条），对宰前和宰后的猪尿液进行快速检测。通常采用克伦特罗、莱克多巴胺、沙丁胺醇三联卡。

（1）宰前“瘦肉精”检测

①选择性抽样法：为了检测“瘦肉精”猪，在卸猪台通往待宰圈的通道可建成坡度为30°～50°、长度30～50m的斜坡，进场猪全部通过斜坡通道进入待宰圈，可将爬坡困难的“瘦肉精”猪筛选出来，采集尿样进行检测。

②随机抽样法：宰前随机接取生猪尿液进行检测。卸车时猪被轰下车，容易引起猪排尿，工作人员接取尿液进行检测。

③检测方法“瘦肉精”快检卡检测程序如下：

a．取尿液。操作人员手持接尿器（手柄长1.2m以上），前端固定接尿瓶，放在猪尿道口下方接尿10mL以上，然后倒入样品管中。

b．检测。从检测用样品吸管吸取尿液1mL，垂直滴加2～3滴于快速检测试纸卡加样孔内，液体流动时开始计时，反应5min进行检测结果判定。

c．结果判定。对照检测卡示意图判定结果。

阴性“－”结果：C线显红色，T线肉眼可见，无论颜色深浅均判为阴性。

阳性“＋”结果：C线显红色，T线不显色，或者T线隐约可见，判为阳性。

无效：C线不显色，无论T线是否显色，该试纸均判为无效，一般检测卡在过期的情况下容易出现无效结果。

d．检验后的处理。检验后要填写《屠宰场（厂）“瘦肉精”自检记录》，并出具检验报告。检测阴性的准予屠宰；阳性的送样复检，复检仍为阳性的全部销毁处理。

（2）宰后“瘦肉精”检测

①宰后“瘦肉精”检测方法：

a．取膀胱。左手握住膀胱颈，右手持刀，在左手上方5cm处，将膀胱颈割断，取下膀胱后并编号，用拇指和食指捏紧膀胱颈，避免尿液漏出。然后将其递给检验人员。抽取尿液后，将与胴体编号一致的膀胱放到盘内待查。

b．抽取尿液与检测。一个人手握膀胱颈，另一人用样品吸管插入膀胱颈内，吸取尿液1mL，立即滴到快速检测试纸卡样品孔内进行检测。

c．结果判定。见宰前“瘦肉精”检测部分。

②检验后的处理：

a．检验后报告。检验后要记录并出具检验报告，根据检验结果做出处理。

b．检测结果为“－”阴性。检测结为阴性的准予屠宰加工。

c．检测结果为“＋”阳性。检测结果为阳性的检验人员要在屠体或胴体上盖可疑病猪章，并将其从主轨道上转入病猪轨道，送入病猪间。再次取样复检，复检仍为阳性的全部做销毁处理。未屠宰的同群猪赶入隔离圈逐头取样检测。

2. 酶联免疫法（ELISA筛选法）

检测方法可参照GB/T 5009.192—2003《动物性食品中克伦特罗残留量的测定》进行。若使用酶联免疫试剂盒，请参照其说明书进行。

（1）样品前处理

①组织样品：组织样品打碎后，称取2g均浆样本，置50mL聚苯乙烯离心管中加入6mL组织样本提取液（乙腈溶液），振荡摇匀10min，然后4000r/min离心10min，接着取上清液lmL（pH 6～8），加入2mL 1mol/L氢氧化钠、6mL乙酸乙酯振荡，各离心10min吹干（或在旋转蒸发器上浓缩至近干）。溶解残留物、过滤、洗涤定容至刻度。若购买酶联免疫试剂盒，参照试剂盒说明书进行。

②尿液样品：取50mL清亮尿液样品，如尿液混浊需过滤或4000r/min以上离心10min，暂不使用样本需冷冻保存。

（2）检测方法　一般检测程序如下：

①将足够标准品和样品所用数量的孔条插入酶标板架，标准品和样品做两个平行实验，记录下标准和样品的位置。未使用的酶标板用铝箔袋封好置2～8℃冷藏保存。

②分别吸取50μL标准品和样品加至相应的微孔（双孔）中，各微孔中加入50μL稀释后的酶标抗原，再各加入50μL稀释后的抗体，装入封口袋中密封，在37℃温育30min（也可以在常温下温育）。

③倒出孔中的液体，每孔加入250μL稀释好的洗涤液与酶标振荡器上振荡30s（或者手工振荡），重复操作四次。洗板时每次间隔30s，洗完后用力在吸水纸上拍干。

④每孔加入150μL显色底物，37℃避光温育10min（也可以在常温下温育）。

⑤每孔加入50μL终止液，混匀，反应颜色由蓝色变为黄色。

⑥用酶标仪测量，设定测量波长为450nm，测定每孔的OD值。测定2～3次，取平行较好数值用于计算。

⑦定性分析，用样本的平均吸光度值与标准值比较，即可得出其浓度范围。

⑧结果判定，按照测定结果对说明书，进行样品分析。

⑨精密度，在重复性条件下获得的两次独立测定结果的绝对差值不得超过算数平均值的20%。

3. 液相色谱-串联质谱法

组织检测参照GB/T 22286—2008《动物源性食品中多种β-受体激动剂残留量的测定　液相色谱串联质谱法》，尿液检测参照农业部1031号公告—3—2008《猪肝和猪尿中β-受体激动剂残留检测　气相色谱—质谱法》。

（1）试样的准备

①组织样品均质后进行取样，称取2g（精确到0.01g）。

②尿液，直接取样，准确移取5mL尿液。

（2）测定步骤（依照国家标准进行）　主要包含酶解、提取、净化过程。处理完的样品，过膜后供高效液相色谱—串联质谱法测定。

（3）上机测定　色谱柱：Waters A TLANICS C柱，150mm×2.lmm（内径），黏度5μm。流动相：A：0.1%甲酸/水，B：0.1甲酸/乙腈。

依照仪器操作规程，进行检测。

（4）液相色谱串联质谱确认　如果检出的质量色谱峰保留时间与标准样品一致，且在扣除背最后的样品谱图中，各定性离子的相对丰度与浓度接近的同样条件下得到的标准溶液谱图相比误差不超过规定范围，则可判定样品中存在对应的被测物。

空白试验除不加试样外，均按上述测定步骤进行。

（5）结果计算　计算结果应扣除空白值。检出限0.5μg/kg。

（四）肉品中重金属含量的测定

主要介绍铅类污染物含量测定，按照GB 5009.12—2017《食品安全国家标准　食品中铅的测定》，没有测定能力的企业可委托第三方检测。

1. 试样准备

取样品搅拌均匀，制成匀浆，存储于塑料瓶内。

2. 试样处理

（1）湿法消解　称取固体试样0.2～3g（精确至0.001g）或准确移取液体试样0.500～5.00mL于带刻度的消化管中，加入10mL硝酸和0.5mL高氯酸，在可调式电热炉上消解（参考条件：120℃/0.5～1h；升至180℃/2～4h、升至200～220℃）。若消化液呈棕褐色，再加少量硝酸，消解至冒白烟，消化液呈无色透明或略带黄色，取出消化管，冷却后用水定容至10mL，混匀备用。同时做试剂空白试验。亦可采用锥形瓶，于可调式电热板上，按上述操作方法进行湿法消解。

（2）微波消解　称取固体试样0.2～0.8g（精确至0.001g）或准确移取液体试样0.500～3.00mL于微波消解罐中，加入5mL硝酸，按照微波消解的操作步骤消解试样，消解结束，待冷却后取出消解罐，在电热板上于140～160℃赶酸至1mL左右。消解罐放冷后，将消化液转移至10mL容量瓶中，用少量水洗涤消解罐2～3次，合并洗涤液于容量瓶中并用水定容至刻度，混匀备用。同时做试剂空白试验。

（3）压力罐消解　称取固体试样0.2～1g（精确至0.001g）或准确移取液体试样0.500～5.00mL于消解内罐中，加入5mL硝酸。盖好内盖，旋紧不锈钢外套，放入恒温干燥箱，于140～160℃下保持4～5h。冷却后缓慢旋松外罐，取出消解内罐，放在可调式电热板上于140～160℃赶酸至1mL左右。冷却后将消化液转移至10mL容量瓶中，用少量水洗涤内罐和内盖2～3次，合并洗涤液于容量瓶中并用水定容至刻度，混匀备用。同时做试剂空白试验。

（4）测定　根据各自仪器性能调至最佳状态。进行标准曲线测定及样品的测定。

3. 分析结果描述

（1）试样中铅的含量按式（7–4）计算：

$$X=\frac{(\rho-\rho_0)\times V}{m\times 1000} \tag{7–4}$$

式中　X —— 试样中铅的含量，mg/kg或mg/L；

ρ —— 试样溶液中铅的质量浓度，μg/L；

ρ_0 —— 空白溶液中铅的质量浓度，μg/L；

V —— 试样消化液的定容体积，mL；

m —— 试样称样量或移取体积，g或mL；

1000 —— 换算系数。

当铅含量≥1.00mg/kg（或mg/L）时，计算结果保留三位有效数字；当铅含量<1.00mg/kg（或mg/L）时，计算结果保留两位有效数字。

（2）精密度 在重复性条件下获得的两次独立测定结果的绝对差值不得超过算术平均值的20%。

第二节 微生物对肉的污染与实验室检验

一、细菌的染色

（一）术语

1. 微生物

微生物是一类个体微小、结构简单，肉眼不可见或看不清楚的微小生物的统称。微生物的类群十分庞杂，包括小到没有细胞结构的病毒、单细胞原核的细菌、放线菌、支原体、立克次氏体、衣原体等和属于真菌的酵母菌、霉菌等以及原生动物等。与食品工业有密切关系的主要是细菌、酵母菌、霉菌、放线菌和部分专门侵害微生物的病毒（噬菌体），这些微小生物虽然种类不同，形态和大小各异，但是它们的生物学特性比较接近，所以人们赋予其一个共同的名称——微生物。比如，我们常见的猪瘟、猪炭疽就是由猪瘟病毒和炭疽杆菌引起的。

2. 细菌

细菌是一类个体微小、结构简单、细胞壁坚韧、多数以二分裂方式繁殖、水生性较强的单细胞原核微生物。细菌有3种基本形态：球状、杆状和螺旋状，分别称为球菌、杆菌和螺旋菌。细菌在自然界中分布广泛，大多数是有益菌，少数致病菌。如常引起人畜共患传染病的结核杆菌、炭疽杆菌、布氏杆菌等，有的细菌（如：耐酸热芽孢杆菌、酪酸梭菌、多粘类芽孢杆菌、火腿肠中的平酸菌等）常引起肉食品的腐败变质。

3. 细菌荚膜、芽孢

荚膜是某些细菌分泌于细胞壁表面的一层松散、透明的黏液状物质，对细菌具有保护功能。

芽孢是某些细菌生长发育后期，在高温、无营养、干燥环境下，在其细胞内形成一个圆形或卵圆形的抗逆性休眠体（抗逆性：抗热、抗辐射、抗化学物质、抗静水压的能力）（图7–1）。芽孢可存活几十年。

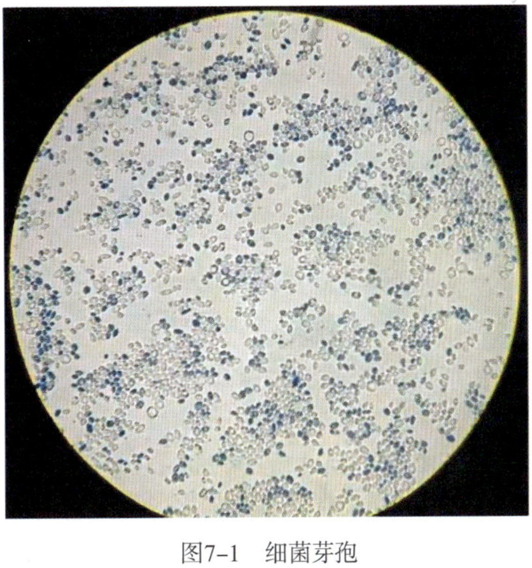

图7–1 细菌芽孢

4. 病毒

病毒是一类超显微的非细胞型微生物，没有细胞壁、细胞膜和核糖体等完整的细胞结构，每一种病毒只含有一种核酸（DNA或RNA）。它们只能在活细胞内寄生、代谢增殖，在离体条件下，能以无生命的化学大分子状态长期存在并保持其侵染活性。

猪、牛、羊、禽的多数疾病也与病毒有关，如猪瘟、猪蓝耳、口蹄疫、禽流感都是由病毒引起。

（二）细菌染色

1. 细菌的简单染色技术

简单染色法即仅用一种染料使细菌着色，通过染色能显示细菌形态，但不能辨别菌体构造。用于染色的染料主要有碱性染料（如亚甲蓝、结晶紫、碱性复红或孔雀绿等）、酸性染料（如伊红、酸性复红或刚果红）和中性染料（如伊红美蓝）三大类。

细菌简单染色的基本方法与步骤如下。

（1）涂片法　器官组织涂片，取病变组织（如肝脏、肾脏、脾脏、淋巴结等），用新切割的界面在载玻片上涂抹干燥固定后备用。

①血液涂片：采集少量含抗凝剂的血液于平皿中，用载玻片一端沾取血液，在另一载玻片上快速涂抹固定后备用。

②培养菌涂片：取一块载玻片，在载玻片中央滴1小滴无菌水，用接种环按无菌操作方法从平板或斜面培养物上挑取少许菌种，在水滴中涂成均匀的薄膜，涂抹直径约为1cm左右。或者用接种环在培养后的试管培养液中沾取培养液，在载玻片上均匀涂抹成薄膜。注意将接种环在火焰上彻底灭菌。

（2）干燥固定

①自然干燥：将涂片放在室温下自然干燥。

②火焰干燥：让涂面朝上，将涂片在酒精灯火焰中以钟摆的速度来回移动3~4次，涂片温度以手背触及涂片背面微烫手为宜（不超过60℃），温度过高易破坏细胞形态。

固定的目的：杀死细菌，固化细胞结构；将细菌固定在载玻片上，以免冲洗时被冲掉；使菌体蛋白质变性，增大细胞的通透性，容易着色。

（3）染色　将染液（如草酸铵结晶紫）1~2滴加到涂面上，以染液刚好覆盖涂面为宜，染色0.5~1min。

（4）水洗　倾去染液，斜置玻片，用细小的水流从载玻片上端缓缓流下，直至流下的水无色为止。水洗时，不要直接冲洗涂面，水流不宜过急、过大，以免涂面薄膜脱落。

（5）干燥　甩去玻片上的水珠后自然晾干；或用吸水纸轻轻吸去水分（不可摩擦）；或在酒精灯火焰高处微火烤干。涂片必须充分干燥。

（6）镜检　先用低倍物镜找到物像，再用高倍物镜找到适当视野，将高倍物镜转出，在涂面上加1滴香柏油，最后用油镜观察。金黄色葡萄球菌、大肠杆菌、枯草芽孢杆菌等都呈现染液的颜色（紫色）。

2. 细菌的革兰染色技术

革兰染色法是1884年由丹麦病理学家C. Gram创立的。革兰染色法是细菌学中最重要的鉴别染色法。通过革兰染色，可将所有细菌区分为两大类，即革兰阳性细菌（用G^+菌表示）和革兰阴性细菌（用G^-菌表示）。

细菌革兰染色的方法与步骤如下。

（1）制作涂片标本　涂片、干燥、固定方法同细菌的简单染色。

（2）初染　将草酸铵结晶紫染液1～2滴加到涂面上，以染液刚好覆盖涂面为宜，染色1min。

（3）水洗　倾去染液，斜置玻片，用细小的水流从载玻片上端缓缓流下，直至流下的水无色为止。水洗时，不要直接冲洗涂面，水流不宜过急、过大，以免涂面薄膜脱落。

（4）媒染　用鲁哥式碘液冲去残水，再将鲁哥式碘液1～2滴加到涂面上，以染液刚好覆盖涂面为宜，染色1min。

（5）水洗　倾去染液，斜置玻片，用细小的水流从载玻片上端缓缓流下，直至流下的水无色为止。

（6）脱色　倾斜玻片，连续滴加95%乙醇冲洗脱色，直至流出的乙醇无明显的紫色（一般需15～30s）。

乙醇的浓度、用量及涂片厚度都会影响脱色速度。脱色是革兰染色中最关键的一步，脱色不足，阴性菌会被误染成阳性菌，脱色过度，阳性菌会被误染成阴性菌。

（7）水洗　倾斜玻片，用细小的水流从载玻片上端缓缓流下。

（8）复染　将番红染色液1～2滴加到涂面上，以染液刚好覆盖涂面为宜，染色1～2min。

（9）水洗　倾去染液，斜置玻片，用细小的水流从载玻片上端缓缓流下，直至流下的水无色为止。

（10）干燥　甩去玻片上的水珠后自然晾干；或用吸水纸轻轻吸去水分（不可摩擦）；或在酒精灯火焰高处微火烤干。涂片必须充分干燥。

（11）镜检　先用低倍物镜找到物像，再用高倍物镜找到适当视野，将高倍物镜转出，在涂面上加1滴香柏油，最后用油镜观察。

金黄色葡萄球菌、枯草芽孢杆菌、溶血性链球菌、产气荚膜梭菌、粪链球菌、炭疽杆菌等属革兰阳性菌。沙门菌、大肠杆菌、志贺菌、铜绿假单胞菌、霍乱弧菌均属革兰阴性菌。根据细菌的革兰染色性质，可以缩小鉴定范围，有利于进一步分离鉴定。

二、消毒与灭菌技术

消毒与灭菌两者的意义有所不同。消毒一般是指杀死病原微生物；灭菌则是指杀灭物体中所有微生物（包括芽孢和孢子）。消毒与灭菌的方法很多，一般可分为物理方法和化学方法两大类。

（一）物理灭菌法

物理灭菌法有加热法（分干热灭菌、湿热灭菌）、过滤除菌法和辐射等方法，可随不同需要选用。

1. 加热法

（1）干热灭菌法　常用的干热灭菌法有火焰灼烧灭菌法和热空气灭菌法。

①火焰灼烧灭菌法：适用于实验室内用的接种环、接种针和金属用具（如镊子等），无菌操作时的试管口和瓶口，涂布用玻璃棒等耐燃烧物品（图7–2）。

②热空气灭菌法：利用高温干燥空气（160～170℃）加热灭菌1～2h即可达到灭菌目的。适用于吸管和培养皿等玻璃器皿。注意放入干燥箱（烘箱）中的物品不能太挤，以免妨碍热空气流通；也不要与干燥箱内壁的铁板接触，以防包装纸烤焦起火。温度降至50℃才能打开箱门，以免玻璃器皿炸裂和手被烫伤。

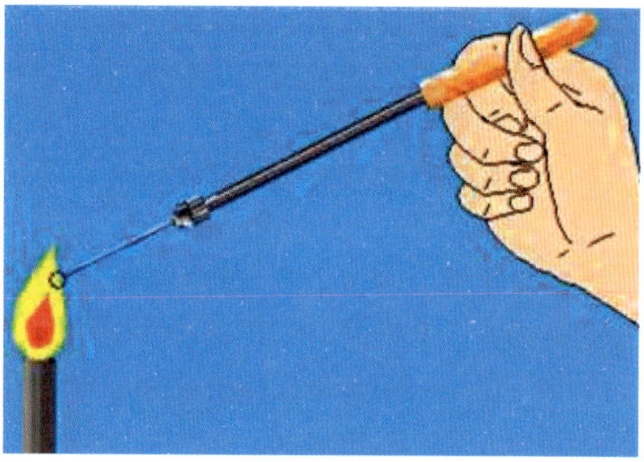

图7–2　火焰灼烧灭菌

（2）湿热灭菌法　实验室常用的湿热灭菌法有煮沸消毒法和高压蒸汽灭菌法等，湿热灭菌效果比同温度下干热灭菌好。

①煮沸消毒法：刀、钩、剪子、镊子等，可用消毒器或铝锅等进行煮沸消毒。一般微生物学实验室中煮沸消毒时间为10～15min，细菌的营养体煮沸5min即可被杀死，而芽孢则需煮沸1～2h才能被杀死，如在水中加入2%～5%苯酚，则5～10min可杀死芽孢。加入1%碳酸氢钠，可提高其沸点促进芽孢的毁灭，同时还可以防止金属器材生锈。

②高压蒸汽灭菌法：高压蒸汽灭菌法是常用的最有效的灭菌法。此法是将物品放在高压蒸汽灭菌锅（图7–3）内，在121℃的蒸汽压下保持15～30min（时间的长短可根据灭菌物品种类和数量的不同而有所变化，以达到彻底灭菌为准）进行灭菌，以杀死所有的细菌芽孢。此法适用于耐高温、高压而又不怕蒸汽的物品灭菌，如火腿肠、罐头食品的灭菌，问题肉尸、屠宰废弃物的高压蒸汽灭菌处理等。

2. 过滤除菌法

许多材料例如血清、糖溶液和牛乳等用高温蒸汽灭菌方法，容易被热破坏，因此采用过滤除菌的方法。应用最广泛的过滤除菌器械有蔡氏过滤器和膜过滤器等。

图7–3　高压蒸汽灭菌锅

过滤器操作时应注意：压力适当；无菌条件下进行；防止渗漏现象。

3. 紫外线灭菌法

用于紫外线灭菌的波长一般为200～300nm，杀菌效力与强度和时间成正比。缺点是穿透力不大，距离照射物小于1.2m为宜。此法适用于被照射物体表面灭菌、生产车间和无菌室空气的灭菌，不适用于药液的灭菌及固体物料的深部灭菌。在使用紫外线灯照射时，工作人员应佩戴保护眼镜，以防紫外线损害角膜而引起急性角膜炎。

（二）化学灭菌法

化学灭菌法是应用能抑制或杀死微生物的化学药物进行消毒灭菌的方法。主要是应用化学制剂破坏细菌代谢机能。

常用化学消毒剂有75%乙醇、醋酸、苯酚、2%甲酚皂溶液（来苏儿）、0.25%新洁尔灭、1%氯化汞、3%～5%甲醛溶液、福尔马林、高锰酸钾、2%～5%氢氧化钠等。灭菌效果与化学药品的浓度高低、时间长短、微生物种类以及微生物所处的环境有关。

三、微生物对肉的污染

微生物在自然界广泛存在，在食品原料和大多数食品上都存在着微生物。污染食品的微生物来源有土壤、空气、水、人及动物体、加工机械及设备、包装材料、原料及辅料等。各种肉及肉制品均含有丰富的蛋白质、脂肪、水、无机盐和维生素，因此肉及肉制品不仅是营养丰富的食品，也是微生物良好的天然培养基。

（一）肉及肉制品中微生物的来源

1. 屠宰前的微生物来源

屠宰前健康的畜禽具有健全而完整的免疫系统，能有效地防御和阻止微生物的侵入和在肌肉组织内扩散，所以正常机体组织（包括肌肉、脂肪、心、肝、肾等）内部一般是无菌的。而畜禽体表、被毛、消化道、上呼吸道等器官中总是有微生物存在，如未经清洗的动物被毛、皮肤微生物数量可达10^5～10^6个/cm^2。如果被毛和皮肤被粪便污染，微生物的数量会更多。刚排出的家畜粪便微生物可达10^7个/g。

患有传染病的病猪器官及组织内部一般会有微生物存在，如病猪体内可能带有结核杆菌、口蹄疫病毒、猪瘟病毒等。动物皮肤发生刺伤、咬伤或化脓感染时，淋巴结中会有细菌存在。其中一部分细菌会被机体的防御系统吞噬或消除掉，而另一部分细菌可能存留下来导致机体病变。病畜禽感染病原菌后，有的呈现临床症状，但也有相当一部分为无症状带菌者，这部分病畜禽在运输和圈养过程中，由于拥挤、疲劳、饥饿、惊恐等刺激，机体免疫力下降而出现临床症状，并向外界扩散病原菌，造成群体间相互感染。

2. 屠宰后的微生物来源

病畜禽宰杀后即丧失了先天的防御机能，微生物侵入组织后迅速繁殖。屠宰过程中卫生管理不当，将会造成微生物广泛污染。最初污染微生物是在使用非灭菌的刀具放血时，将微生物引入血液中，随着血液短暂的微弱循环而扩散至胴体各部位。在屠宰、分割、加工、贮存和销售过程中的每一个环节，微生物的污染都可能发生。

肉类一旦被微生物污染，其生长繁殖是很难完全抑制的。因此，限制微生物污染的最好方法是在严格卫生管理的条件下进行屠宰、加工和运输，这也是获得高品质肉类及其制品的重要措施。对于已遭受微生物污染的胴体，抑制微生物生长的最有效方法则是进行迅速冷却和及时冷藏。

（二）肉及肉制品中微生物的种类

肉及肉制品中常见的微生物有细菌、霉菌和酵母，其种类很多。它们都有较强的分解蛋白质的能力，其中大部分为腐败微生物，如假单胞菌属、产碱菌属、微球菌属、变形杆菌属、黄杆菌属、梭状芽孢杆菌属、芽孢杆菌属、埃希菌属、乳杆菌属、链球菌属、明串珠菌属、球拟酵母属、丝孢酵母属、红酵母属、毛霉属、青霉属、枝霉属、分枝孢属等。一些病猪携带病原微生物，如不做好检验检疫和无害化处理，很可能引起人或动物的疾病。

（三）鲜肉的腐败变质

在适宜条件下，污染鲜肉的微生物可迅速生长繁殖，引起鲜肉腐败变质。细菌吸附鲜肉表面的过程可分为两个阶段：

第一个阶段为可逆吸附阶段，即细菌与鲜肉表面微弱结合，此时用水洗可将其除掉；

第二个阶段为不可逆吸附阶段，即细菌紧密地吸附在鲜肉表面，而不能被水洗掉，吸附的细菌数量随时间的延长而增加。试验表明，不能分解蛋白质的细菌难以向肌肉内部侵入和扩散，而能分解蛋白质的细菌可向肌肉内部侵入并扩散。

1. 肉在有氧条件下的腐败

在有氧条件下，需氧菌和兼性厌氧菌引起肉类腐败的表现如下。

（1）表面发黏　肉体表面有黏液状物质产生，这是由于微生物在肉表面生长繁殖形成菌苔以及产生黏液的结果。发黏的肉块切开时会出现拉丝现象，并有臭味产生。此时含菌数一般可达10^7个/cm^2。

（2）变色　微生物污染肉后，分解含硫氨基酸产生H_2S，H_2S与肌肉组织中的血红蛋白反应形成绿色的硫化氢血红蛋白，这类化合物积累于肉的表面时，形成暗绿色的斑点。还有许多微生物可产生各种色素，使肉表面呈现多种色斑，例如黏质沙雷菌产生红色斑，深蓝色假单胞菌产生蓝色斑，黄色杆菌产生黄色斑，某些酵母菌产生白色、粉红色、灰色斑，一些霉菌可形成白色、黑色、绿色霉斑。一些发磷光的细菌能产生磷光。

（3）产生异味　脂肪酸败可产生酸败气味，蛋白质腐败产生恶臭味。

主要由无色菌属或酵母菌引起，乳酸菌和酵母菌发酵时产生挥发性有机酸也带有酸味，放线菌产生泥土味，霉菌能使肉产生霉味。

2. 肉在无氧条件下的腐败

在室温条件下，厌氧性不强的梭状芽孢杆菌首先在肉上生长繁殖，随后其他一些厌氧的梭状芽孢杆菌，如双酶梭状芽孢杆菌、生孢梭状芽孢杆菌、溶组织梭状芽孢杆菌等开始生长繁殖，分解蛋白质产生恶臭味。牛、猪、羊的臀部肌肉很容易出现深部变质现象，有时鲜肉表面正常，切开时有酸臭味，股骨周围的肌肉为褐色，骨膜下有黏液出现，这种变质称为骨腐败。

塑料袋真空包装并贮存于低温条件时可延长保存期，此时如塑料袋透气性很差，袋内氧气不足，将会抑制需氧菌的生长，而以乳杆菌和其他厌氧菌生长为主。

在厌氧条件下，兼性厌氧菌和专性厌氧菌的生长繁殖引起肉类腐败变质的表现为：

（1）异味　由于梭状芽孢杆菌、大肠杆菌以及乳酸菌等作用，产生甲酸、乙酸、丙酸、丁酸、乳酸和脂肪酸而形成酸味，蛋白质被微生物分解，产生硫化氢、硫醇、吲哚、粪臭素、氨和胺类等异味化合物而呈现异臭味，同时还可产生毒素。

（2）腐烂　腐烂主要是由梭状芽孢杆菌属中的某些种引起的，假单胞菌属、产碱杆菌属和变形杆菌属中的某些兼性厌氧菌也能引起肉类的腐烂。

鲜肉在搅拌过程中微生物可均匀地分布到碎肉中，所以绞碎的肉比整块肉的含菌数量高得多。搅碎肉的菌数为10^8个/g时，在室温条件下，24h就能出现异味。

（四）常见的细菌性食肉中毒

细菌性中毒是因摄入含有大量活菌或毒素的食品后发生的急性中毒性疾病，具有潜伏期短，发病急，常呈暴发性，临床症状相同等特点。

1. 沙门菌中毒

（1）沙门菌食物中毒的最常见菌是鼠伤寒沙门菌、猪霍乱沙门菌、肠炎沙门菌。

沙门菌为一群无芽孢、无荚膜、大多数有鞭毛能运动的兼性厌氧的革兰阴性杆菌。沙门菌在水中能存活2～3周，在牛乳及肉类中存活数月，在含有12%～19%食盐的腌肉中存活75d，在60℃经20～30min、70℃经20min、75℃经5min即可被杀死。

（2）引起沙门菌食物中毒的食品主要是肉类食品，如病死猪胴体肉，猪头肉、内脏等熟肉品。食品中沙门菌的来源包括生前感染和宰后污染。生前感染是指猪宰杀前患原发性和继发性沙门菌病，如猪副伤寒、猪肠炎、慢性猪瘟、猪蓝耳等病继发感染沙门菌等。这种病猪的血液、内脏和肌肉，均可能含有大量的沙门菌。宰后污染是猪在生产加工及流通过程中，产品被感染沙门菌的水、肠管残留粪便、加工工具、容器等污染，被污染的猪肉中的沙门菌在适宜的环境下大量繁殖，在食用前又热处理不够，或处理后又交叉污染，会引发食物中毒。

（3）当人们摄入的食品中含有大量活菌时，活菌经肠系膜淋巴结进入血液循环，形成一过性菌血症，引起全身感染。同时，活菌在肠系膜淋巴结和网状内皮系统被破坏时，释放出内毒素，活菌和内毒素共同作用于胃肠道，引起黏膜充血、水肿和出血，使患者出现一系列中毒症状，表现为头痛，恶心、呕吐、腹泻、体温升高等急性胃肠炎症状。

2. 致病性大肠杆菌食物中毒

致病性大肠杆菌是专指引起人类食物中毒或者发生感染的一群大肠埃希菌，包括一般大肠埃希菌、产毒性大肠埃希菌、侵袭性大肠埃希菌、出血性大肠埃希菌。

（1）致病性大肠杆菌　为一群无芽孢、多数菌株有周身鞭毛、荚膜的革兰阴性杆菌。该菌对热敏感，60℃ 15min即被杀死，产生的耐热肠毒素，在100℃经20min不被破坏，可引起食物中毒。

（2）通常引起中毒的食品主要是熟肉类、冷荤拼盘、蛋乳制品等。致病性大肠杆菌寄居于人及动物的肠道内，污染动物性食品的机会很多，容易造成食物中毒。主要引起人的急性胃肠炎，患者发病突然，腹痛，恶心、呕吐，腹泻水样或黏液便、血便等。

3. 志贺菌食物中毒

志贺菌属是肠杆菌科中的一个重要菌属，也是人类细菌性痢疾的重要病原体，通称痢疾杆菌。

（1）志贺菌为需氧、无芽孢、无荚膜、无鞭毛、有菌毛的革兰阴性杆菌。志贺菌一般不耐热，如果加热至60℃经10min或者100℃经30s可被杀死。在阳光下照射30min亦可被杀死。在冻猪肉中可生存3～4个月。

（2）被志贺菌污染的猪肉源于生产加工、患有疾病的操作人员或其他带菌者。食品中的污染菌在20～30℃的温度下大量繁殖，若消毒不彻底会引起食物中毒。

（3）当食用含有志贺菌的食物后，病菌侵入肠道引起患者出现剧烈腹痛、恶心、呕吐及频繁水样腹泻，继而便中混有黏液或血液，里急后重、寒战、发热等，多在3d后恢复。

4. 葡萄球菌食物中毒

葡萄球菌食物中毒是食品被致病性金黄色葡萄球菌污染后，在适宜条件下产生的葡萄球菌肠毒素而引起的。

（1）葡萄球菌种类很多，能够产生肠毒素致使人发生食物中毒的主要是金黄色葡萄球菌。

该菌为圆形或卵圆形的革兰阳性菌，其排列呈葡萄状，为需氧或兼性厌氧菌。可产生引起中毒的肠毒素，该菌耐盐性很强。对热抵抗力强，80℃ 30min不被杀死。肠毒素100℃ 30min不被破坏，并能抵抗胃肠道中蛋白酶的水解作用。100℃加热2h能破坏食物中的肠毒素。

（2）人和动物的鼻腔、咽喉、皮肤、肠道带菌率比较高，是造成该菌污染食品的重要来源。食品加工者的手不清洁也能成为常见的污染来源。

（3）该菌产生的A、D型肠毒素是引起食物中毒的致病因子，摄入含毒素的食物后1～6h即可发病。引起胃肠黏膜充血、水肿、糜烂等变化。临床上主要表现恶心、呕吐、腹痛和腹泻，严重者呕吐物和大便内有黏液和血。

5. 肉毒梭菌食物中毒

肉毒梭菌食物中毒简称肉毒中毒，是由肉毒梭菌产生的外毒素（又称肉毒毒素）引起的一种细菌毒素性食物中毒。肉毒毒素是细菌毒素中毒性最强的一种。对人的最小致死量约为0.1g，中毒致死率高达50%以上。

（1）病原肉毒梭菌为两端钝圆、专性厌氧的革兰阳性大杆菌。在-18℃存活一年以上，干热180℃ 5～10min，高压蒸汽115℃ 20～30min才能将其杀死。肉毒毒素按其抗原特性分为7个型，引起人类中毒的是A、B、E及F型毒素，其中以A型毒性最强。毒素不耐热，80℃ 30min或煮沸10min即可灭活。

（2）流行病学　肉毒梭菌在自然界分布很广，在某些土壤、霉干草和动物粪便中均有存在。肉毒梭菌产生芽孢和毒素的最适温度为25～35℃；厌氧条件下，水分较多的碎肉装在密闭的容器中，或紧密堆集的发酵食品，都是形成肉毒毒素的条件。

（3）引起肉毒毒素中毒的食品　主要由香肠、火腿、罐头、鱼肉、鱼卵等引起。中毒最初头晕乏力，随后出现眼肌麻痹，张口、舌僵硬、语言不清，以致吞咽困难，最后因呼吸神经麻痹，引起呼吸功能衰竭或并发感染而致死亡。病初可用多价抗肉毒毒素血清对症治疗。

6. 变形杆菌食物中毒

（1）变形杆菌属主要包括普通变形杆菌、奇异变形杆菌、摩根菌和雷极变形杆菌。为革兰阴性两端钝圆的小杆菌，无芽孢和荚膜，具有周身鞭毛，能运动。该菌对热抵抗力不强，60℃下30min即可杀死。

（2）引起中毒的主要是含菌的熟肉类、内脏产品、凉拌熟肉品等。该菌可引起急性胃肠炎，产生肠毒素引起胃肠型中毒。主要表现为剧烈腹痛、腹泻、头痛、呕吐、发热、全身无力等。

7. 蜡样芽孢杆菌食物中毒

（1）蜡样芽孢杆菌是细菌性食物中毒的常见致病菌。菌体两端平整，能形成芽孢，革兰阳性大杆菌，有的菌株有鞭毛能运动。适宜的生长温度为28～35℃。

（2）引起中毒的食品主要有：肉类、烧鸡、鱼、牛乳等。蜡样芽孢杆菌食物中毒是由大量活菌和其毒素引起人的恶心、呕吐、胃不适、腹痛、头晕、无力为特征的呕吐型胃肠炎。

8. 副溶血性弧菌食物中毒

副溶血性弧菌又称致病性嗜盐菌。副溶血性弧菌呈杆状或弧状，大多数菌株为无芽孢、有鞭毛、能运动的革兰阴性菌。该菌在无氧条件下生长缓慢，培养基中的食盐浓度以3.5%最适宜，无盐情况下不能生长。生长适宜温度为37℃、最适pH 7.7～8.0。不耐热，75℃经5min即可杀死。对酸敏感，在食醋中经5min死亡，1%醋酸处理1min即可杀死。

引起食物中毒的食品主要是肉、禽、蛋类的盐腌制品。中毒的主要症状是腹部尤其脐部的剧烈疼痛，呕吐，水样、血水样、黏液或脓血便，并伴发热。

9. 产气荚膜梭菌食物中毒

（1）产气荚膜梭菌又称魏氏梭菌，为革兰阳性的粗大杆菌，菌体两端稍圆，无鞭毛，在动物体内形成荚膜，菌体卵圆形。该菌能产生强烈的外毒素和酶类。根据该菌产生的外毒素性质和致病性的不同，将其分为A、B、C、D、E、F 6个型，引起食物中毒的主要是A型，其次是C型。该菌形成芽孢的同时，产生的肠毒素被认为是引起食物中毒的主要原因。

（2）产气荚膜梭菌的肠毒素不耐热，85℃ 25min可丧失生物活性，100℃瞬间被破坏。毒素对酸抵抗力较小，pH≤4立即被破坏。

（3）该菌在人的小肠内会形成芽孢并释放肠毒素，引起急性出血性坏死性肠炎，表现腹痛、腹泻等症状。

（五）控制微生物污染的措施

控制肉类因微生物污染而造成的腐败变质，首先应掐断微生物的污染源，其次是抑制微生物的生长繁殖。生产中必须采取综合措施有效地控制微生物的污染。

1. 防止致病菌污染动物性食品

（1）防止生猪屠宰前感染和控制传染源进入生产加工过程　主要是做好生猪的科学饲养与卫生管理，做好防疫与检疫工作。宰前检疫要严格病健分宰，严格病害肉的无害化处理。

（2）防止生猪在屠宰加工和流通环节中的污染　加强屠宰加工和流通环节中的卫生监

督和管理，避免胴体、内脏受到皮毛、粪便、污水以及环境中病原微生物的污染。

（3）防止交叉污染　生产熟制品热处理必须充分，生熟肉品要严格分开。

2. 控制细菌繁殖和毒素的产生

影响细菌繁殖和产生毒素的主要因素是温度和时间，将温度控制在5℃以下，可以使绝大多数细菌的繁殖率明显下降，因此，低温储存是控制猪肉中污染菌繁殖的重要措施。此外，加工后的肉品应尽快放入低温下储存，并尽可能缩短储存时间。

3. 彻底灭菌和破坏细菌毒素

对有条件可食用肉，要在严格的卫生监督下进行高温处理；对隔夜或存放时间较长的熟制品，在销售或食用前必须再次加热；罐头食品要严格执行灭菌操作规程；熟制品的热处理要充分。然而对已形成葡萄球菌肠毒素的食品，用加热的方法是难以破坏其毒素的。

4. 注意贮藏、运输和销售卫生

肉的贮藏、运输及销售过程中也应防止微生物的污染，控制微生物的大量生长，应采用合理的贮藏方法，保持贮藏环境符合卫生标准。运输车辆应做到冷藏和专车专用，车辆应经常清洗消毒，以防二次污染微生物。

四、微生物实验室检验

（一）采样方法

微生物检验采样方法按照GB 4789.1—2016《食品安全国家标准　食品微生物学检验　总则》和GB/T 4789.17—2003《食品卫生微生物学检验　肉与肉制品检验》的规定进行。

1. 样品的采取和送检

采样前的准备和注意事项。包括采样工具：无菌刀，镊子，采样袋，记录簿或笔，标签和密封带，冷藏箱，75%酒精棉球瓶、酒精灯、打火机等；采样前首先确定采样的种类、批次；进入车间或冷藏库要遵守有关规定，更换并穿戴工作服（衣、帽、靴和手套），洗手消毒后方可进入。样品包装容器必须经事先灭菌，采样刀、镊子等工具必须现场灭菌，并达到无菌状态。

如采取屠宰场宰后的畜肉，可于开腔后，用无菌刀采取两腿内侧肌肉各150g（或劈半后采取两侧背最长肌各150g）；如采取冷藏或售卖的生肉，可用无菌刀取腿肉或其他部位的肌肉250g/头。检样采取后，放入灭菌容器，并立即送检；送检时间不超过3h，送检样时应注意冷藏，不得加入任何防腐剂。检样送往微生物检验室应立即检验或放置冰箱暂存。

以上样品的采集和送检均以检验肉内的细菌含量来判断其质量鲜度，如需检验肉类受外界环境污染程度或检查其是否带有某种致病菌应用棉拭采样法。按照GB/T 4789.17—2003《食品卫生微生物学检验　肉与肉制品检验》的规定取样。

2. 采样频率/批次

在生产过程中，微生物检验采样一般按每班生产为一个批次，随机抽取样品。在流通过程中，按当日运输工具（车、船）或库存产品的批次随机抽取样品。在特殊情况下，为提高生产过程的产品卫生质量，检查生产过程各环节肉品是否受到条件性致病菌（沙门菌）污染，需要每月或在特殊的生产季节（夏季）连续采样检验，直到不再发现致病菌污染。注意：微生物检验样品在采样过程，最重要的是按照无菌操作要求采样，并做好相关记录，及时送检。

（二）检验指标和检验方法

常规指标包括菌落总数测定和大肠菌群计数。落总数是指样品经过处理，在一定条件下培养后所得1mL（g）检样或单位面积样品中所含菌落的总数。大肠菌群计数是指以1g或1mL或1cm^2样品中所含的大肠菌群最可能数（MPN）；按照GB 4789.2—2016《食品安全国家标准　食品微生物学检验　菌数总数测定》和GB 4789.3—2016《食品安全国家标准　食品微生物学检验　大肠菌群计数》进行检测。致病菌沙门菌检验按照GB 4789.4—2016《食品安全国家标准　食品微生物学检验　沙门菌检验》进行检测。分割鲜、冻猪瘦肉微生物限量值按照GB/T 9959.2—2008《分割鲜、冻猪瘦肉》中规定执行（表7–1）。

表7–1　　分割鲜、冻猪瘦肉微生物限量值

微生物指标	限量值
菌落总数（CFU/g）	$\leqslant 1\times10^6$
大肠菌群（MPN/100g）	$\leqslant 1\times10^4$
沙门菌	不得检出

1. 菌落总数测定

菌落总数是指食品检样经过处理，在一定条件下（如培养基、培养温度和培养时间等）培养后，所得每g（mL）检样中形成的微生物菌落总数。

（1）检验程序（图7–4）

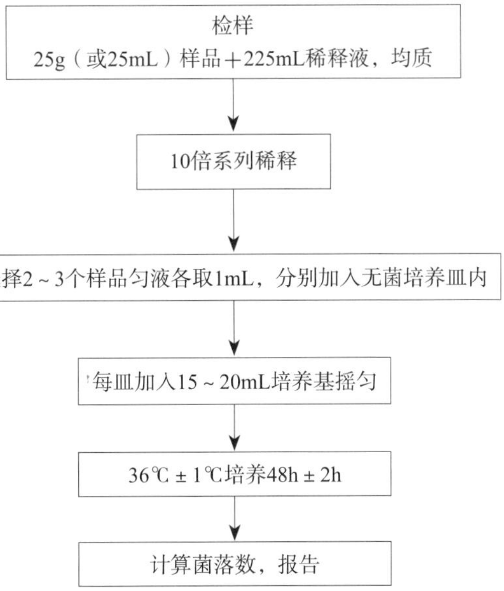

图7–4　菌落总数检验程序

（2）实验前的准备

①实验器皿的灭菌：将洁净干燥的培养皿（一次性培养皿除外）、刻度吸管经包装后（或装入金属桶内），于160℃干热灭菌2h或121℃高压蒸汽灭菌15min备用。

②无菌室：无菌室内超净工作台等仪器设备、操作器具，事先经紫外线灯杀菌消毒。

③微生物检验稀释液、培养基的制备：制备微生物检验用稀释液、培养基，除规定不需要高温灭菌的以外，均应按规定加热溶解后高压灭菌，如121℃ 15min（或115℃ 30min）。实验结束后培养物也必须高压灭菌。

（3）样品的稀释

①称取样品：先将检样进行表面消毒（沸水内烫3～5s，或烧灼消毒），再用无菌剪子剪取检样深层肌肉，放入灭菌乳钵内用灭菌剪子剪碎后，称25g样品置于无菌均质袋内。

②制备样品匀液：将磷酸盐缓冲液或生理盐水225mL倒入盛有样品的无菌均质袋中，用拍击式均质器拍打1～2min，制成1：10的样品匀液。

③10倍系列稀释：用1mL无菌吸管或微量移液器吸取1：10样品匀液1mL，沿管壁缓慢注于盛有9mL稀释液的无菌试管中（注意吸管或吸头尖端不要触及稀释液面），振摇试管或换用1支无菌吸管反复吹打使其混合均匀，制成1：100的样品匀液。

按上述操作制成10倍系列稀释样品匀液。每递增稀释一次，换用1次1mL无菌吸管或吸头。

（4）倾注平板

①平皿内加入样品匀液和空白稀释液：选择2～3个适宜稀释度的样品匀液，在进行10倍递增稀释时，吸取1mL样品匀液于无菌平皿内，每个稀释度做两个平皿。同时，分别吸取1mL空白稀释液加入两个无菌平皿内作空白对照。

②倾注平皿：及时将15～20mL冷却至46℃的平板计数琼脂培养基（可放置于46℃±1℃恒温水浴箱中保温）倾注平皿，并转动平皿使其混合均匀。

（5）培养　待琼脂凝固后，将平板翻转，36℃±1℃培养48h±2h。

（6）菌落计数　用肉眼观察，必要时用放大镜或菌落计数器，记录稀释倍数和相应的菌落数量。菌落计数以菌落形成单位（CFU）表示。

①选取菌落数计数菌落总数：选取菌落数在30～300 CFU、无蔓延菌落生长的平板计数菌落总数。低于30 CFU的平板记录具体菌落数，大于300 CFU的可记录为多不可计。每个稀释度的菌落数应采用两个平板的平均数。

②菌落呈片状生长情况：如果其中一个平板有较大片状菌落生长时，则不宜采用，应以无片状菌落生长的平板作为该稀释度的菌落数；若片状菌落不到平板的一半，而其余一半中菌落分布又很均匀，即可计算半个平板后乘以2，代表一个平板菌落数。

③菌落呈链状生长情况：当平板上出现菌落间无明显界线的链状生长时，则将每条单链作为一个菌落计数。

（7）结果与报告

①若只有一个稀释度平板上的菌落数在适宜计数范围内，计算两个平板菌落数的平均值，再将平均值乘以相应稀释倍数，作为每1g样品中菌落总数结果。菌落数＜100 CFU时，按“四舍五入”原则修约，以整数报告。菌落数≥100 CFU时，第3位数字采用“四舍五入”原则修约后，取前2位数字，后面用0代替位数；也可用10的指数形式来表示，按

“四舍五入”原则修约后，采用2位有效数字。称重取样以CFU/g为单位报告。菌落计数与报告方式见表7–2。

表7–2　菌落计数与报告方式

例次	稀释液及菌落数			菌落总数（CFU/g）	报告方式（CFU/g）
	10^{-1}	10^{-2}	10^{-3}		
1	多不可计	164	20	16400	16000或1.6×10^4

②若有两个连续稀释度的平板菌落数在适宜计数范围内时（表7–3）。

表7–3　菌落计数与报告方式

例次	稀释液及菌落数			菌落总数（CFU/g）	报告方式（CFU/g）
	10^{-1}	10^{-2}	10^{-3}		
2	多不可计	238	34	24727	25000或2.5×10^4

按式（7–5）计算：

$$N=\sum C/(n_1+0.1n_2)d \tag{7–5}$$

式中　N —— 样品中菌落数；

$\sum C$ —— 平板（含适宜范围菌落数的平板）菌落数之和；

n_1 —— 第一稀释度（低稀释倍数）平板个数；

n_2 —— 第二稀释度（高稀释倍数）平板个数；

d —— 稀释因子（第一稀释度）。

③若所有稀释度的平板上菌落数均大于300 CFU，则对稀释度最高的平板进行计数，其他平板可记录为多不可计，结果按平均菌落数乘以最高稀释倍数计算（表7–4）。

表7–4　菌落计数与报告方式

例次	稀释液及菌落数			菌落总数（CFU/g）	报告方式（CFU/g）
	10^{-1}	10^{-2}	10^{-3}		
3	多不可计	多不可计	313	313000	310000或3.1×10^5

④若所有稀释度的平板菌落数均小于30 CFU，则应按稀释度最低的平均菌落数乘以稀释倍数计算（表7–5）。

表7–5　菌落计数与报告方式

例次	稀释液及菌落数			菌落总数（CFU/g）	报告方式（CFU/g）
	10^{-1}	10^{-2}	10^{-3}		
4	27	9	2	270	270或2.7×10^2

⑤若所有稀释度平板均无菌落生长，则以小于1乘以最低稀释倍数计算（表7–6）。

表7–6　菌落计数与报告方式

例次	稀释液及菌落数			菌落总数（CFU/g）	报告方式（CFU/g）
	10^{-1}	10^{-2}	10^{-3}		
5	0	0	0	$<1\times10$	<10

⑥若所有稀释度的平板菌落数均不在30 ~ 300 CFU，其中一部分小于30 CFU或大于300 CFU时，则以最接近30 CFU或300 CFU的平均菌落数乘以稀释倍数计算（表7–7）。

表7–7　菌落计数与报告方式

例次	稀释液及菌落数			菌落总数（CFU/g）	报告方式（CFU/g）
	10^{-1}	10^{-2}	10^{-3}		
6	多不可计	305	12	30500	31000或3.1×10^4

此外，若所有平板上为蔓延菌落而无法计数，则报告菌落蔓延。若空白对照上有菌落生长，则此次检测结果无效。

2.　大肠菌群计数

大肠菌群是指在一定培养条件下能发酵乳糖、产酸产气的需氧和兼性厌氧革兰阴性无芽孢杆菌。大肠菌群MPN计数法是统计学和微生物学结合的一种定量检测法。待测样品经系列稀释并培养后，根据其未生长的最低稀释度与生长的最高稀释度，应用统计学概率论推算出待测样品中大肠菌群的最大可能数（MPN）。

（1）检验程序如图7–5所示。

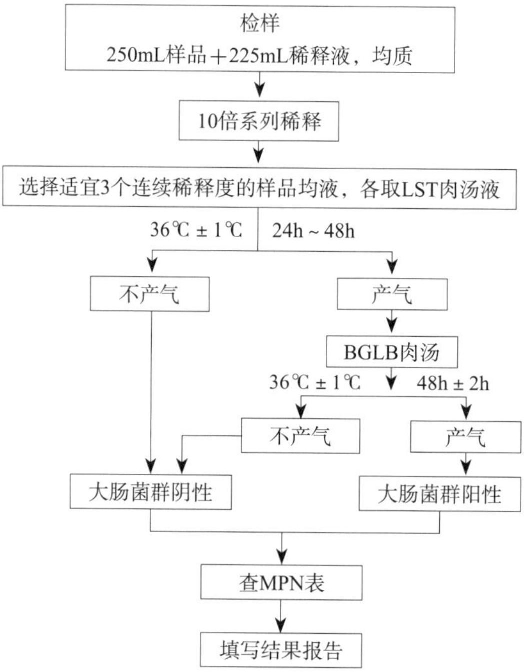

图7–5　大肠杆菌计数检验程序

（2）样品的稀释　样品的稀释与菌落总数测定相同。样品匀液的pH应在6.5～7.5，可用1mol/L NaOH 或1mol/L HCl调节。注意：从制备样品匀液至样品接种完毕，全过程不得超过15min。

（3）初发酵试验　每个样品选择3个适宜的连续稀释度的样品匀液，每个稀释度接种3管月桂基硫酸盐胰蛋白胨（LST）肉汤（见图7–6，LST发酵管内有玻璃小导管，已排气）。每管接种1mL，36℃±1℃培养24h±2h，观察导管内是否有气泡产生（图7–7）。24h±2h产气者进行复发酵试验，如未产气则继续培养至48h±2h，产气者进行复发酵试验。未产气者为大肠菌群阴性。

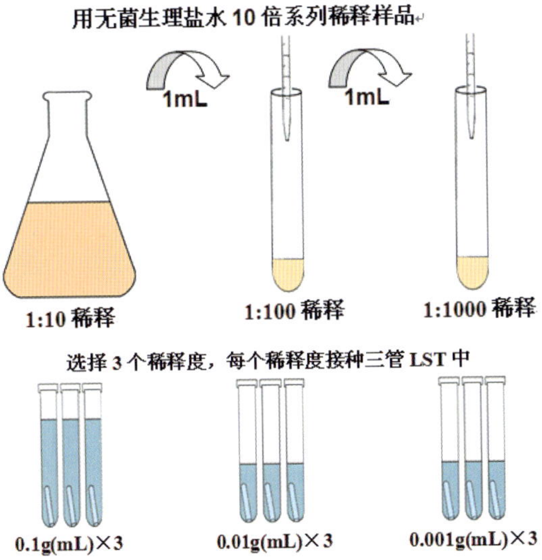

图7–6　接种月桂基硫酸盐胰蛋白胨（LST）肉汤

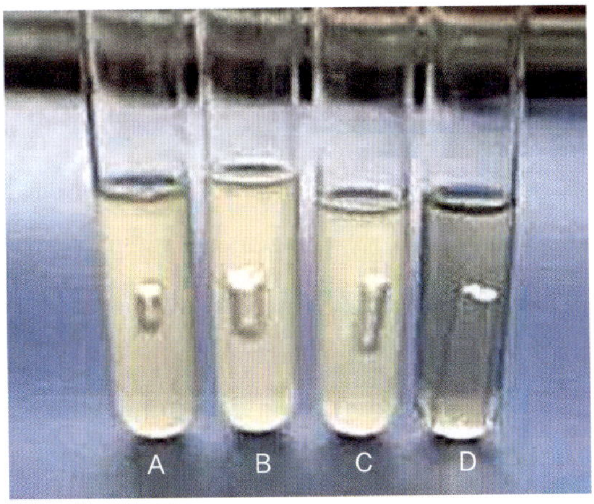

图7–7　LST肉汤管产气情况

A、B、C—产气　D—未产气

（4）复发酵试验（证实试验）　用接种环从产气的LST肉汤管中分别取培养物1环，移种于煌绿乳糖胆盐肉汤（BGLB）管中（BGLB发酵管内有玻璃小导管，已排气）。36℃±1℃培养48h±2h，观察产气情况（图7–8）。产气者，计为大肠菌群阳性管。

（5）大肠菌群最可能数（MPN）的报告　按照确证的大肠菌群BGLB阳性管数，检索MPN表（表7–8），查得大肠菌群最可能数（MPN/g），然后报告每100g样品中大肠菌群的MPN值（MPN/100g）。

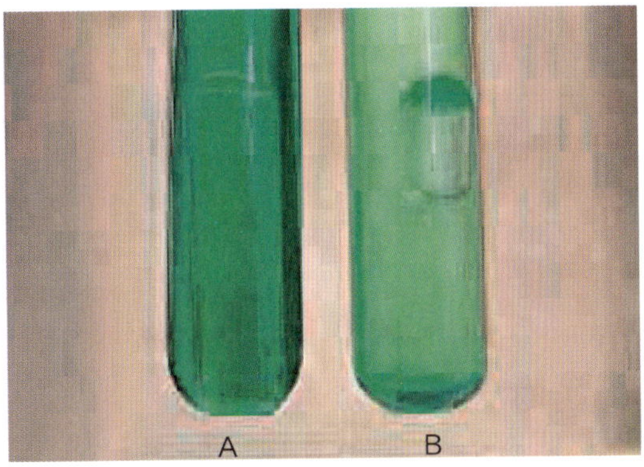

图7–8　BGLB肉汤管产气情况

A—未产气　B—产气

表7–8　　每g检样中大肠菌群最可能数（MPN）检索表

阳性管数			MPN	95%可信限		阳性管数			MPN	95%可信度	
0.10	0.01	0.001		下限	上限	0.10	0.01	0.001		下限	上限
0	0	0	∠3.0	—	9.5	2	2	0	21	4.5	42
0	0	1	3.0	0.15	9.6	2	2	1	28	8.7	94
0	1	0	3.0	0.15	11	2	2	2	35	8.7	94
0	1	1	6.1	1.2	18	2	3	0	29	8.7	94
0	2	0	6.2	1.2	18	2	3	1	36	8.7	94
0	3	0	9.4	3.6	38	3	0	0	23	4.6	110
1	0	0	3.6	0.17	18	3	0	1	38	8.7	180
1	0	1	7.2	1.3	18	3	0	2	64	17	180
1	0	2	11	3.6	38	3	1	0	43	9	200
1	1	0	7.4	1.3	20	3	1	1	75	17	420
1	1	1	11	3.6	38	3	1	2	120	37	420
1	2	0	11	3.6	42	3	1	3	160	40	420
1	2	1	15	4.5	42	3	2	0	93	18	420
1	3	0	16	4.5	42	3	2	1	150	37	420
2	0	0	9.2	1.4	38	3	2	2	210	40	430
2	0	1	14	3.6	42	3	2	3	390	90	1000
2	0	2	20	4.5	42	3	3	0	240	42	1000
2	1	0	15	3.7	42	3	3	1	460	90	2000
2	1	1	20	4.5	42	3	3	2	1100	180	4100
2	1	2	27	8.7	94	3	3	3	>1100	420	—

注：1 本表采用3个稀释度【0.1g（mL），0.01g（mL），0.001g（mL）】，每个稀释度接种3管。
2 表内所列检样量如改用1g（mL），0.1g（mL），0.01g（mL）时，表内数字应相应降低10倍；如改用0.01g，（mL）0.001g（mL），0.0001g（mL）时，则表内数字应相应增高10倍，其余类推。

3. 沙门菌检验

（1）检验程序见图7–9。

（2）前增菌　无菌操作称取25g样品，置于盛有225mL缓冲蛋白胨水（BPW）的无菌均质袋中，用拍击式均质器拍打1～2min。如需调整pH，用1mol/L无菌NaOH或HCl调pH至6.8±0.2。将均质袋直接置于36℃±1℃培养8～18h。如为冷冻产品，应在45℃以下不超过15min，或2～5℃不超过18h解冻。

（3）增菌　轻轻摇动培养过的样品混合物，移取1mL转种于10mL四硫黄酸钠煌绿（TTB）增菌液内，于42℃±1℃培养18～24h（图7–10）。同时，另取1mL培养物转种于10mL亚硒酸盐胱氨酸（SC）增菌液内，于36℃±1℃培养18～24h（图7–11）。

（4）分离　分别用接种环取增菌液1环，划线接种于一个亚硫酸铋（BS）琼脂平板和一个木糖赖氨酸脱氧胆盐（XLD）琼脂平板（或HE琼脂平板或沙门菌属显色培养基平

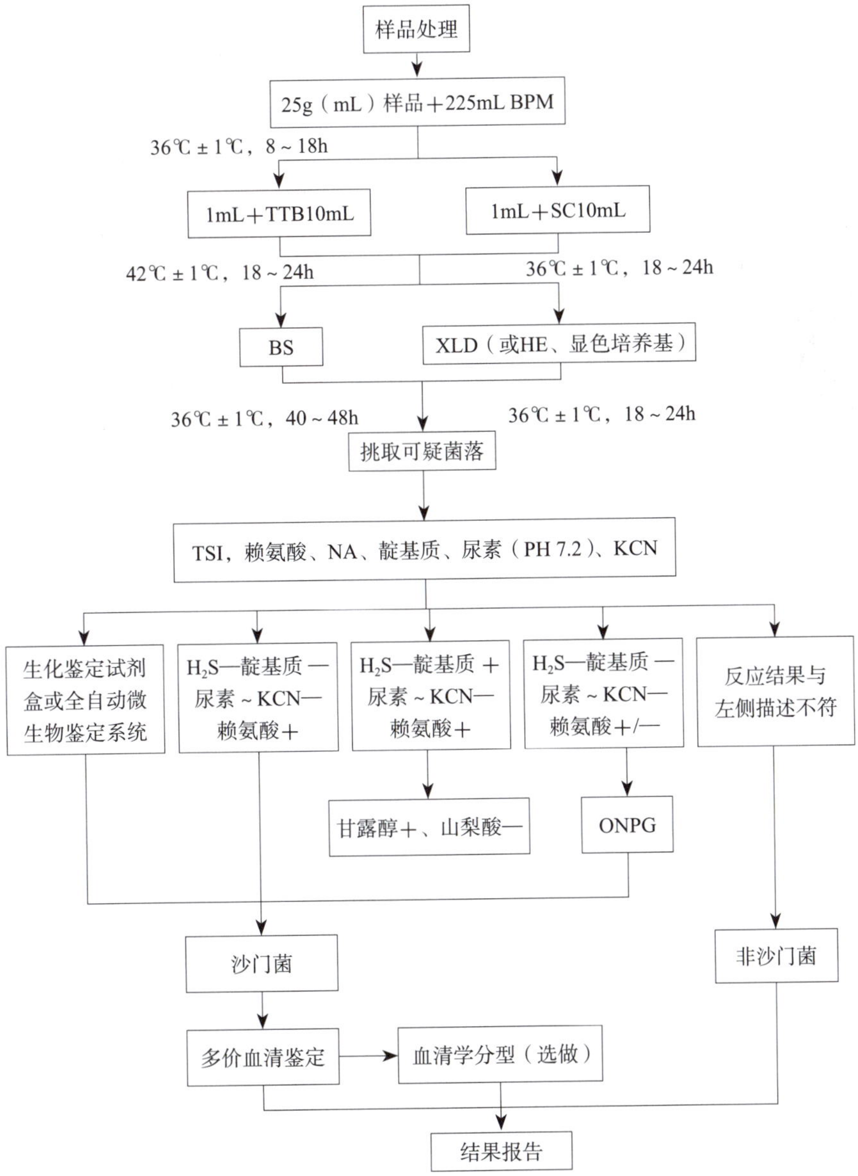

图7-9 沙门菌检验程序

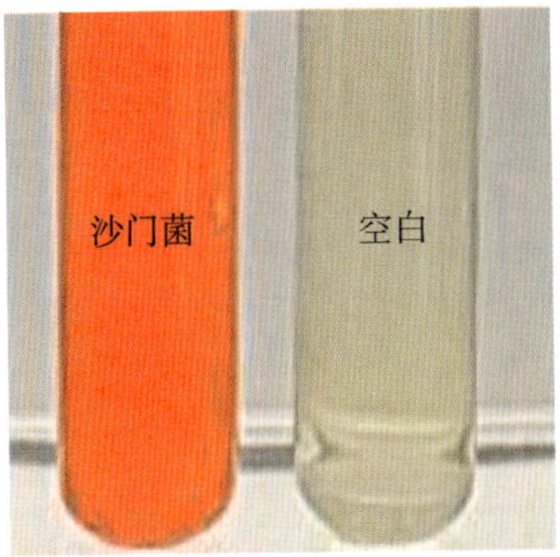

图7-10 沙门菌在TTB增菌液的生长

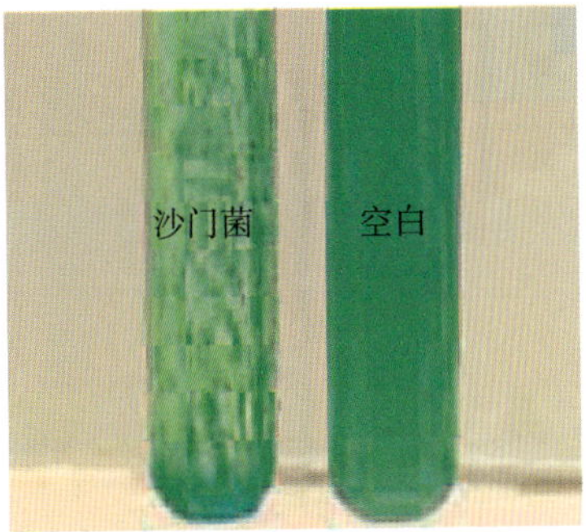

图7-11 沙门菌在SC增菌液的生长

板），于36℃±1℃分别培养40～48h（BS琼脂平板）或18～24h（XLD琼脂平板、HE琼脂平板、沙门菌属显色培养基平板），观察各个平板上生长的菌落（图7–12）。各个平板上的菌落特征见表7–9。

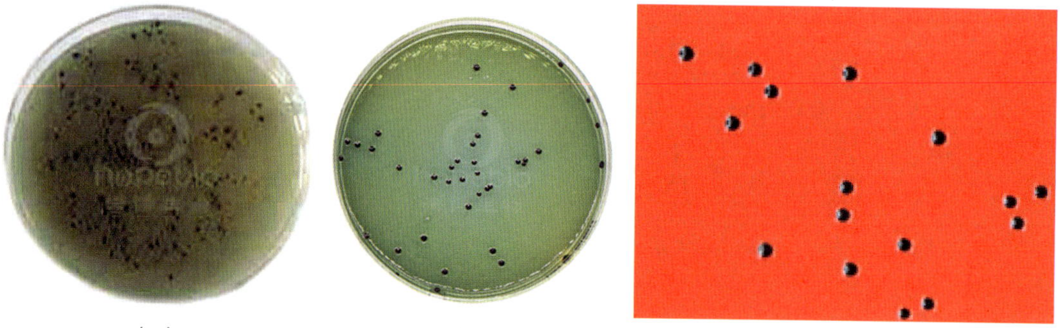

（1） （2） （3）

图7–12 沙门菌在BS、XLD和HE平板上的菌落特征

（1）BS琼脂平板 （2）XLD琼脂平板 （3）HE琼脂平板

表7–9 沙门菌属在不同选择性琼脂平板上的菌落特征

选择性琼脂板	沙门菌
BS琼脂	菌落为黑色有金属光泽、棕褐色或灰色，菌落周围培养基可呈黑色或棕色；有些菌形成灰绿色的菌落，周围培养基不变
HE琼脂	蓝绿色或蓝色，多数菌落中心黑色或几乎全黑色；有些菌株为黄色，中心黑色或几乎全黑色
XLD琼脂	菌落呈粉红色，带或不带黑色中心，有些菌株可呈现大的带光泽的黑色中心，或现全部色的菌落：有些菌株为黄色菌落，带或不带黑色中心
沙门菌属显色培养基	按照显色培养基的说明进行判定

（5）生化鉴定

①接种三糖铁琼脂和赖氨酸脱羧酶试验培养基：自选择性琼脂平板上分别挑取2个以上典型或可疑菌落，接种三糖铁琼脂，先在斜面划线，再于底层穿刺；接种针不要灭菌，直接接种赖氨酸脱羧酶试验培养基和营养琼脂平板，于36℃±1℃培养18～24h，必要时可延长至48h。在三糖铁琼脂和赖氨酸脱羧酶试验培养基内，沙门菌属的反应结果见图7–13、图7–14以及表7–10。

表7–10 沙门菌属在三糖铁琼脂和赖氨酸脱羧酶试验培养基内的反应结果

斜面	底层	产气	硫化物	赖氨酸脱羧酶实验培养基	初步判断
K	A	+（–）	+（–）	+	可疑沙门菌
K	A	+（–）	+（–）	–	可疑沙门菌
A	A	+（–）	+（–）	+	可疑沙门菌
A	A	+/–	+/–	–	非沙门菌
K	K	+/–	+/–	+/–	非沙门菌

注：A产酸；K产碱；+阳性；–阴性；+（–）多数阳性少数阴性；+/–阳性或阴性。

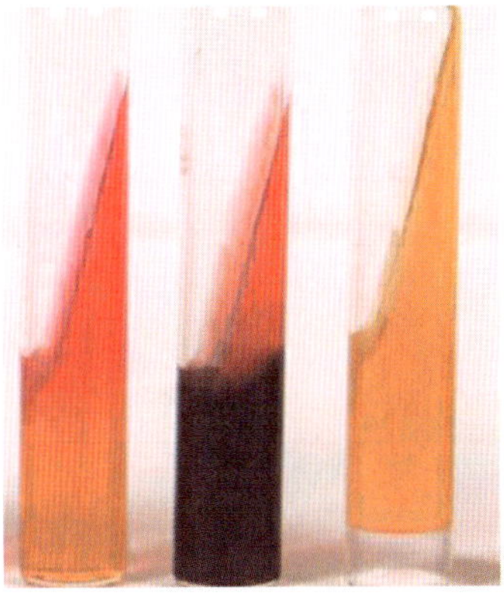

（1）　（2）　（3）

图7–13　可疑沙门菌在三糖铁琼脂内的反应结果

（1）斜面产碱“K”（红色），底层产酸“A”（黄色），未产生硫化氢“–”

（2）斜面产碱“K”（红色），底层产酸“A”（黄色），产生硫化氢“+”（黑色）

（3）斜面产酸“A”（黄色），底层产酸“A”（黄色），产气，未产生硫化氢“–”

（1）　（2）

图7–14　可疑沙门菌在赖氨酸脱羧酶试验培养基上的反应结果

（1）阳性（紫色、混浊）（2）阴性（换色）

②接种蛋白胨水（供做靛基质试验）、尿素琼脂（pH 7.2）、氰化钾（KCN）培养基：接种三糖铁琼脂和赖氨酸脱羧酶试验培养基的同时，可直接接种蛋白胨水、尿素琼脂、氰化钾培养基，也可在初步判断结果后从营养琼脂平板上挑取可疑菌落接种。于36℃ ± 1℃培养18 ~ 24h，必要时可延长至48h。培养后在蛋白胨水中加入靛基质试剂，立即观察。各生化反应结果见图7–15。将已挑菌落的平板储存于2 ~ 5℃或室温至少保留24h，以备必要时复查。

（1）　（2）　（3）

图7–15　靛基质试验、尿素试验及氰化钾试验结果

（1）靛基质试验：阳性“+”红色环，阴性“–”无变化

（2）尿素试验：阳性“+”玫红色，阴性“–”黄色

（3）氰化钾试验：阳性“+”生长，阴性“–”抑制

③沙门菌属生化反应初步鉴别按表7–11判定结果。

表7–11　沙门菌属生化反应初步鉴别表

反应序号	硫化氢（H_2S）	靛基质	pH 7.2尿素	氰化钾（KCN）	赖氨酸脱氢酶
A_1	+	–	–	–	+
A_2	+	+	–	–	+
A_3	–	–	–	–	+/ –

注：+阳性；–阴性；+/ –阳性或阴性。

a．反应序号A_1：典型反应判定为沙门菌属。如尿素、KCN和赖氨酸脱羧酶3项中有1项异常，按表7–12可判定为沙门菌。如有2项异常为非沙门菌。

表7–12　沙门菌属生化反应初步鉴别表

pH7.2尿素	氰化钾（KCN）	赖氨酸脱氢酶	判定结果
–	–	–	甲型副伤寒（要求血清学鉴定结果）
–	+	+	沙门菌Ⅳ或Ⅴ（要求符合本群生化特征）
+	–	+	沙门菌个别变体（要求血清学鉴定结果）

注：+阳性；–阴性。

b．反应序号A_2：补做甘露醇和山梨醇试验，沙门菌靛基质阳性变体两项试验结果均为阳性，但需要结合血清学鉴定结果进行判定。

c．反应序号A_3：补做ONPG。ONPG阴性为沙门菌，同时赖氨酸脱羧酶阳性，甲型副伤寒沙门菌为赖氨酸脱羧酶阴性。

d．必要时按表7–13进行沙门菌生化群的鉴别。

表7–13　沙门菌属各生化群的鉴别

项目	1	2	3	4	5	6
卫矛醇	+	+	–	–	+	–
山梨醇	+	+	+	+	+	–
水杨苷	–	–	–	+	–	–
ONPG	–	–	+	–	+	–
丙二酸盐	–	+	+	–	–	–
KCN	–	–	–	+	+	–

注：+阳性；–阴性。

（6）血清学鉴定　在实际工作中，常常根据选择性平板分离和生化鉴定试验就可判断沙门菌生长情况，并做出报告。必要时可做血清学试验。

①沙门菌O抗原的鉴定：用A～F多价O抗体血清做玻片凝集试验，同时用生理盐水作对照。在生理盐水中自凝者为粗糙型菌株，不能分离。

②试验结果：在玻片上划出2个约1cm×2cm的区域，挑取1环待测菌的琼脂培养物，各放1/2环于玻片上的每一区域上部，在其中一个区域下部加1滴A～F多价O抗体血清，在另一区域下部加入1滴生理盐水作为对照。再用无菌的接种环分别将两个区域内的菌苔研成乳状液。将玻片倾斜摇动混合1min，并对着黑暗背景进行观察。血清凝集者出现颗粒，生理盐水对照呈现均匀的混浊。任何程度的凝集现象皆为阳性反应。

（7）结果与报告　综合以上生化试验和血清学鉴定的结果，报告25g样品中检出或未检出沙门菌。

参考文献

［1］内蒙古农牧学院．家畜病理学［M］．北京：中国农业出版社，1981．

［2］内蒙古农牧学院．家畜解剖学［M］．上海：上海科学技术出版社，1978．

［3］陈怀涛．兽医病理解剖学［M］．北京：中国农业出版社，2006．

［4］时建忠．全国畜禽屠宰检疫检验培训教材［M］．北京：中国农业出版社，2015．

［5］熊本海．猪实体解剖学图谱［M］．北京：中国农业出版社，2017．

［6］宣长和．猪病学［M］．北京：中国农业大学出版社，2010．

［7］董常生．家畜解剖学［M］．北京：中国农业大学出版社，2012．

［8］崔治中．动物疫病诊断与防控彩色图谱［M］．北京：中国农业大学出版社，2013．

［9］陈万芳．家畜病理生理学［M］．北京：中国农业出版社，1984．

［10］杜向党．猪病类症鉴别诊断彩色图谱［M］．北京：中国农业出版社，2010．

［11］胡新岗．动物防疫与检疫技术［M］．北京：中国林业出版社，2012．

［12］江斌．猪病诊治图谱［M］．福州：福建科学技术出版社，2015．

［13］张西臣．动物寄生虫病学［M］．北京：科学出版社，2017．

［14］刘占杰，王惠霖．兽医卫生检验［M］．北京：中国农业出版社，1989．

［15］潘耀谦．猪病诊治彩色图谱［M］．北京：中国农业出版社，2017．

［16］王雪敏．动物性食品卫生检验［M］．北京：中国农业出版社，2010．

［17］漆可，张静，卢进峰，等．生猪屠宰过程的危害分析与关键控制点确定［J］．肉类工业，2012（2）：8–10．

［18］陕西省农林学校．猪体解剖图谱［M］．西安：陕西科学技术出版社，1980．